MARCO ⊕ POLO

TOKIO

W0247118

> Tokio ist eine der spannendsten Städte der Welt. Sie verändert sich in atemberaubendem Tempo. Die Stadt schläft eigentlich nie und platzt geradezu vor Kreativität. Langweilig wird es nie. Hier laufen die verrücktesten Typen herum.
> *MARCO POLO Autor Hans Günther Krauth und MARCO POLO Korrespondentin Susanne Steffen*
> (siehe S. 138)

(siehe S. 138)

Weiterer MARCO POLO Titel:
Japan

Spezielle News, Lesermeinungen und Angebote zu Tokio:
www.marcopolo.de/tokio

TOKIO

Science Museum

Imperial Palace

ku-dōri

National Theater

Hie Shrine

National Diet Bldg

Minato-ku

> SYMBOLE

MARCO POLO INSIDER-TIPPS
Von unseren Autoren für Sie entdeckt

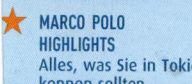

MARCO POLO HIGHLIGHTS
Alles, was Sie in Tokio kennen sollten

SCHÖNE AUSSICHT

WLAN-HOTSPOT

▶▶ HIER TRIFFT SICH DIE SZENE

> PREISKATEGORIEN

HOTELS
€€€ über 250 Euro
€€ 120–250 Euro
€ unter 120 Euro
Die Preise gelten für ein Doppelzimmer pro Nacht ohne Frühstück

RESTAURANTS
€€€ über 45 Euro
€€ 20–45 Euro
€ unter 20 Euro
Die Preise gelten für eine Hauptmahlzeit ohne Getränke

> KARTEN

[124 A1] Seitenzahlen und Koordinaten für d Cityatlas Tokio
[0] Objekte außerhal des Kartenaussch

U-Bahn-Plan im hinteren Umschlag

Zu Ihrer Orientierung sind auch die Objekte mit Koordinaten versehen, die nicht im Cityatlas eingetragen sind

INHALT

> SZENE

S. 12–15: Trends, Entde-
ckungen, Hotspots! Was
wann wo in Tokio los ist,
verrät die MARCO POLO
Szeneautorin vor Ort

> 24 STUNDEN

S. 104/105: Action pur
und einmalige Erlebnisse
in 24 Stunden! MARCO
POLO hat für Sie einen
außergewöhnlichen Tag
in Tokio zusammen-
gestellt

> LOW BUDGET

Viel erleben für wenig Geld!
Wo Sie zu kleinen Preisen
etwas Besonderes genießen
und tolle Schnäppchen
machen können:

Kostenlose Fahrradtour um
den Kaiserpalast S. 51 |
Minimenüs mit Suppe,
Hauptgericht und Tee ab
5 Euro S. 69 | Edelkimonos zu
Spottpreisen S. 76 | Münze
werfen – bei Gewinn Getränk
umsonst S. 88 | Welcome
Inns: günstige Ryokans,
Pensionen und Hotels S. 96

> GUT ZU WISSEN

Blogs & Podcasts S. 32 |
Schreine und Tempel S. 37 |
Bücher & Filme S. 48 | Riesen
gegen Schwalben S. 52 |
Richtig fit S. 54 | Gourmettempel
S. 60 | Tokioter Spezialitäten
S. 64 | Visitenkarten S. 80 |
Entspannen & Genießen S. 86 |
Luxushotels S. 94 | Adressen
S. 115

AUF DEM TITEL
Hakone: Seilbahn zum
Naturspektakel S. 108
Recycling-Kunst S. 14

ENTDECKEN SIE TOKIO!

Unsere Top 15 führen Sie an die traumhaftesten Orte und zu den spannendsten Sehenswürdigkeiten

Die Highlights sind in der Karte auf dem hinteren Umschlag eingetragen

 Asakusa-Kannon-Tempel
Rund um das Tempelgelände im quirligen Viertel Asakusa ist immer Hochbetrieb. So war es hier schon im alten Edo (Seite 29)

 National Museum
Bringen Sie genug Zeit mit für die weltgrößte Sammlung asiatischer Kunst! (Seite 31)

 Meiji-Schrein
Oase der Ruhe mitten im Großstadtgetümmel – Feiertage ausgenommen (Seite 35)

 Ōta Memorial Museum of Art
Die erlesene Holzschnittpräsentation begeistert selbst Museumsmuffel (Seite 36)

 Roppongi Hills
Der gigantische Citykomplex mit Hunderten von Geschäften und Restaurants und dem Mori Tower im Zentrum weist der Metropole den Weg in die Zukunft (Seite 39)

 Rathaus
Vom 45. Stock des Kenzō-Tange-Baus haben Sie eine wunderbare Panoramasicht auf die Stadt und ihre Umgebung – und das gratis! (Seite 42)

 Hamarikyū-Garten
Im Teehaus auf der Insel des ehemaligen kaiserlichen Sommersitzes: Ausruhen mit Blick auf Wolkenkratzer und uralte Kiefern (Seite 44)

> DIE BESTEN MARCO POLO HIGHLIGHTS

WAS FÜR EINE STADT!

Blick vom Rathaus auf Tokio

> Tokio ist die Megastadt von morgen: Auf dem größten Fischmarkt der Welt reihen sich riesige tiefgefrorene Thunfische aneinander. Shoppingfans streifen durch edle Einkaufszentren, stöbern in Elektronikläden nach Weltneuheiten und entdecken Devotionalien der hippsten Popkultur der Welt. Kabukikünstler in farbenfrohen Kimonos und die weltbesten Sumo-Ringer entführen in das alte Japan der Samurai und Geishas. Und wer während der „Blue hour" vom obersten Stockwerk eines Wolkenkratzers auf die größte Stadt der industrialisierten Welt schaut, bekommt das Gefühl, einen Zeitsprung zu machen: mitten in die Zukunft.

> Abstoßend, liebenswürdig, ein Moloch, eine Ansammlung von Dörfern, aufregend, provinziell, hässlich, exotisch, steif, vital ... Greifen Sie eins dieser Merkmale heraus – oder erweitern Sie die Liste – und setzen Sie davor: „Tokio ist ...". Stimmt, Sie haben soeben eine richtige Aussage über Japans Metropole getroffen. So unendlich viele Facetten hat diese Stadt, dass wohl niemand sie auf einen einzigen Nenner bringen kann. Nur eines gilt mit Sicherheit: Langweilig ist Tokio nie, sondern eine Herausforderung, ein Abenteuer.

Wie lernt man Tokio am besten kennen? Wer einen Kulturschock fürchtet, beginnt am besten auf der Omotesandō in Harajuku. In den Cafés begegnen einem Fremde wie du und ich, die sich offensichtlich prächtig zurechtfinden. Hier, an der „Tokioter Champs-Élysées", ist die Fernostmetropole am europäischsten.

Danach bietet sich eine Stadtrundfahrt besonderer Art an. Sie dauert exakt 60 Minuten und kostet nur gut 1,10 Euro (130 Yen). Gemeint ist eine Rundfahrt mit der S-Bahn auf der Yamanote-Ringlinie. Dazu lösen Sie nur eine Karte bis zur nächsten Haltestelle, also zum Beispiel ab Harajuku bis Yoyogi. Statt dort auszusteigen, bleiben Sie einfach sitzen. Ob Sie einen Sitzplatz bekommen, hängt freilich davon ab, wann Sie fahren. Zu den Stoßzeiten, also gegen 8 bis 9 Uhr und gegen 18 bis 19 Uhr, sollte man die öffentlichen Verkehrsmittel besser nicht benutzen.

> *An der Omotesandō ist die Metropole am europäischsten*

Eine Weile grüßen zur Linken noch die hohen Baumwipfel aus dem Parkgelände des Meiji-Schreins herüber, dann bestimmen die Wolkenkratzer von Shinjuku das Panorama. Der höchste ist das neue Rathaus, Sitz des Gouverneurs der Riesenmetro-

Farbenfrohes Festival am Meiji-Schrein: Tanzen und Trommeln in traditionellen Kostümen

pole. Die Zahlen sprechen für sich: Rund 12 Mio. Menschen leben im Großraum Tokio auf einer Fläche von 2186 km², aufgegliedert in 23 Bezirke *(ku)*. Hinzu kommen 27 eingemeindete Städte, fünf kleinere Ortschaften und acht Dörfer.

> *Pferdekoppel, Reisfeldrain, Nachtigallental*

Mit der Yamanote-Bahn gelangen Sie bald an die Station Takadanobaba. Zwei der angesehensten Universitäten liegen in dieser Gegend: die Waseda und die Gakushūin. An Letzterer hat Kaiser Akihito studiert, ebenso wie seine beiden Söhne. „Ikebukuro" verkündet die Lautsprecherstimme. Dieses moderne Nebenzentrum der Hauptstadt wird überragt von der 60-stöckigen Sunshine City. Es steht auf historischem Boden: Hier befand sich einst das Sugamo-Gefängnis, in dem die Kriegsverbrecher

der Klasse A inhaftiert und die Hauptangeklagten am 23. Dezember 1948 hingerichtet wurden.

Komagome, meldet der Schaffner, Tabata, Nippori und Uguisudani. Auf Deutsch heißen diese Namen so viel wie Pferdekoppel, Reisfeldrain, Sonnenuntergangsdorf und Nachtigallental – lauter Erinnerungen an ferne Zeiten. Heute dagegen gleitet der Zug an monotonen Häuserfronten entlang. Wäre das Tempo nur ein wenig langsamer, ließen sich Einblicke in die Wohnsituation der Durchschnittsjapaner gewinnen, zumeist trostlose Einblicke, denn die Wohnungen sind winzig, ohne besonderen Komfort und teuer obendrein.

Zurück zur Pferdekoppel und dem Tal der Nachtigallen. Gesetzt den Fall, Sie würden an einer dieser Stationen aussteigen und durch die Gegend streifen: Auch ein Tokio-Neuling würde den Unterschied spüren zu Vierteln wie Shinjuku oder Ihrem Ausgangspunkt, der Omotesandō. Ursprünglicher ist es hier, direkter und ungeschminkter – das Hässliche ebenso wie das Schöne. Irgendwo in dieser Gegend verläuft eine imaginäre Grenze, die Tokio schon eh und je in zwei Bereiche geteilt hat: in Yamanote, die Oberstadt, und Shitamachi, die Unterstadt der kleinen Leute. Der nächste Bahnhof heißt Ueno – ein geeigneter Anlass, einen kurzen Blick auf die bewegte Stadtgeschichte zu werfen.

Als Stadtgründer gilt der Fürst Ōta Dōkan, der im 15. Jh. auf den Grundmauern einer alten Burganlage eine

Festung errichten ließ. Doch als „Stadt" kann man wohl kaum bezeichnen, was Tokugawa Ieyasu, Herr der acht Kanto-Provinzen, ein gutes Jahrhundert später hier vorfindet: Nicht mehr als 100 Häuser zählt die Ansiedlung, die sich Edo – das Tor zum Fluss – nennt. Dennoch beschließt der Kriegsherr, wegen der strategisch günstigen Lage hier sein Hauptquartier aufzuschlagen.

> **Das Fischerdorf mausert sich zur Metropole**

Noch einmal vergehen zehn Jahre, dann hat sich die Situation schlagartig verändert. 1600, in der Schlacht von Sekigahara, besiegt Ieyasu seine fürstlichen Rivalen und wird 1603 zum Shōgun, zum obersten Militärherrn, ernannt. Der Kaiser – ohne Macht und Einfluss – residiert weiterhin in Kyoto. Politik wird von jetzt an in Edo gemacht. Das Fischerdorf mausert sich zur Metropole. Ab 1634 werden alle Lehnsherren gezwungen, sich jedes zweite Jahr mitsamt Gefolge in Edo einzufinden. Ihre Familien müssen ohnehin in Edo bleiben – als Geiseln.

Im Süden und Westen der Burg liegen ihre Residenzen – in Yamanote. Im Norden und Osten – in Shitamachi – ist der Platz für das einfache Volk. Während die Vornehmen in der Oberstadt ein reglementiertes, tristes Dasein führen, brodelt hier das Leben, blüht die städtische Kultur.

Ab Mitte des vorigen Jahrhunderts verfällt die Macht des Tokugawa-Shogunats. In der Bucht vor Edo kreuzen die „Schwarzen Schiffe" des amerikanischen Kommodore Perry, der Einlass begehrt in das seit über 200 Jahren abgeschottete Land. Mit der Thronbesteigung von Kaiser Mutsuhito 1867 beginnt eine neue Ära: Der letzte Shōgun wird entmachtet, und Edo wird zu Tokio, der „östlichen Hauptstadt", denn nun siedelt der Kaiser hierher um. Grundlegende Reformen in dessen als „Meiji-Ära" bekannter Regierungszeit ebnen den Weg zu Japans rascher Industrialisierung.

Langsam dürften Sie am Bahnhof Tokio angelangt sein. Durch die geöffneten Zugtüren dringt Meeresluft? Gut möglich. Wenn der Wind günstig steht, kann das in dieser Gegend durchaus passieren. Zu leicht vergisst man, dass Tokio eine Hafenstadt ist und Wasserstraßen ihre Lebensadern waren. Schon früh begannen die Stadtplaner auch damit, die Hauptstadt hinaus in die Tokio-Bucht auszudehnen. Bauschutt und Müll gibt es ja ausreichend.

> **Parkanlagen, Promenaden und – tatsächlich – Sandstrand**

Das jüngste Aufschüttungsprojekt war wohl auch das ambitionierteste: Odaiba. Mit einem Budget von rund 25 Milliarden Euro sollte auf 4,5 km² ein supermoderner Stadtteil entstehen. Doch als Anfang der 1990er-Jahre die Spekulations-Seifenblase platzte und sich die Investoren zurückzogen, mussten die Stadtväter umdenken. Ein Glück! Denn jetzt bleiben große Flächen zwischen den utopisch anmutenden Bauwerken frei für Parkanlagen, Promenaden und – tatsächlich! – Sandstrand.

Mit der computergesteuerten Yurikamome-Bahn ab Shimbashi über die 750 Mio. Euro teure Rainbow Bridge

Gotanda, Shibuya – die Stationsnamen erinnern an Reisfelder und Täler, doch ihre Spuren sind verwischt. Der Moloch Tokio hat sie verschlungen. Harajuku – Sie sind an Ihrem Ausgangspunkt angelangt. Sie können wählen: eine Station weiterfahren in dem Gefühl, soeben die preiswerteste

Highways und Hochhäuser in Shinjuku: Tokios Stadtautobahnnetz erschließt alle Stadtteile

hinüber nach Odaiba ist eine Fahrt in ein ganz anderes Tokio – eine charmant-skurrile Mischung aus Freizeitzone und Zukunftsarchitektur. Zu Beginn dieses Jahrhunderts ist am Bahnhof Shimbashi das neue Wolkenkratzerviertel Shiodome entstanden: mit Wohnungen, Hotels, Restaurants und Geschäften. Drei Stationen weiter gleich noch ein imposanter Bau: der neue Shinagawa-Bahnhof mit Shinkansenanschluss.

Stadtrundfahrt Ihres Lebens absolviert zu haben – oder aussteigen und brav, wie es sich eigentlich gehört, am Schalter nachzahlen! Sie brauchen weder eine Strafe noch ein böses Wort zu fürchten.

Das also ist Tokio? Beileibe nicht: Die Yamanote-Linie umkreist nur einen kleinen Teil des Stadtgebiets. Was glauben Sie, was es da noch alles zu entdecken gibt!

▶▶ TREND GUIDE TOKIO

Die heißesten Entdeckungen und Hotspots!
Unsere Szeneautorin zeigt Ihnen, was angesagt ist

Françoise Hauser

Seit dem Studium in Nanjing nahe Shanghai ist die Sinologin Françoise Hauser als freie Journalistin und Autorin tätig. Auf ihren vielen Reisen nach Japan hat sich unsere Szeneautorin besonders in das verrückte und schnelllebige Tokio verliebt. Aus diesem Grund fliegt sie mehrmals im Jahr dorthin, recherchiert Trends, trifft sich mit Freunden oder ist spannenden Reportagethemen auf der Spur.

▶▶ TOKYO BY BIKE

Eine Stadt steigt um

Wer sagt, dass man sich immer in volle U-Bahnen quetschen muss? Radfahren ist trendy geworden in Tokio, überall gibt es Radverleihe wie *Tokyo Bike (1-5-11 Yanaka, Taito-ku, www.tokyobike. com)* und *Cool Bike (3-19 Tsukudo-cho, Shinjuku-ku, www.coolbike.jp)* – hier lassen sich die Räder auch online reservieren! Bei *Tokyo Rent-a-Bike (3-5-1 Naka-meguro, www.tokyorentabike.com,* Foto*)* gibt es die Räder gleich für mehrere Tage. Geführte Touren mit Guide bietet *Tokyo Cycling (c/o Travel News AT, 3-4-3 Shinbashi, Minato-ku, www.tokyocycling.jp)*, ja sogar *Bike Polo* gibt es jeden Mittwochabend im Komazawa-Park. Tipps und Tourenvorschläge bietet das Portal *http:// cycle-tokyo.cycling.jp*, wo genau die Radwege verlaufen, findet man unter *www.bikely.com/ listpaths/country/122/region/2365.* Aber auch auf den Straßen ohne Radweg müssen Sie den Verkehr nicht fürchten: In Japan dürfen Radfahrer ganz offiziell den Bürgersteig nutzen!

ISZENE

▶▶ MODERN

Lässige Restaurants

Tokio ist nicht nur die Stadt mit den meisten Michelin-Sternen der Welt, sondern auch der aufregendsten Restaurants. Das *Zipangu (Akasaka Tokyu Hotel, 14F, 2-14-3 Nagata-cho, www.nadaman. co.jp/english/akasaka/index.htm)* besticht trotz hypermodernem Design und gigantischer Fläche von 1300 m² mit Kerzenlicht-Gemütlichkeit. Minimalistisch-modern zeigt sich das *Garb Pintino* am Fuß des Tokyo Tower *(3-5-4 Shiba-koen, Minato-ku, www.garb94.com/pintino)*, im Sommer wird die leichte Küche auch draußen serviert. Im funky *Immigrant's Café* legt ein DJ angesagte Rythmen zum Essen auf *(Kyodo Bldg., 5-9-15 Minami-Aoyama, Minato-ku)*. Wer das kulinarische Abenteuer sucht, ist bei *Yamada Chikara (1-15-2 Minami-Azabu, www.yamadachikara.com)* richtig: Hier wird japanisch-europäische Molekularküche serviert. Aufregend anders!

▶▶ FASHION FUSION

Verbindung von Mode und Kunst

Tokio ist schrill und innovativ, und genauso sind auch seine Designer! Sie verstehen sich als Künstler und schaffen ausgeflippte Kreationen. Ganz vorne mischt das Label *asako design world* mit. Sie entwerfen coole Krawatten für Sie und Ihn, zum Beispiel mit Spiegeleiern und Knöpfen *(Online-Shop: www. asakodesign.com)*. Blickfang bei *Tsumori Chisato* sind abgefahrene Verzierungen und Applikationen

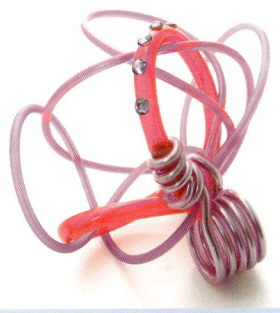

(4-21-25 Minami-Ayoma, Minato-ku). Hokuto Katsui und Nao Yagi entwerfen Trendiges für *Mintdesign*. Kleider mit Punkten und Prints, Shirts mit raffinierten Raffungen und Taschen, die in Farbe und Material perfekt zur Bluse passen – sehr cool *(Mint Designs garage store, Shibuya parco part 1, B1, 15-1 Udagawacho, Shibuya-ku, www.mint-designs.com)*. In den Galerien Tokios zu Hause ist die Künstlerin Eiko Yamaji, deren individuelle Motive die Schmuckstücke und Accessoires von *Tiny Azure* schmücken – poppig, fancy und lustig *(Online-Shop: www.tokyomade.com, Foto)*.

▶▶ ALLES ÖKO

Recyclingkunst aus Tokio

Tokio hat neuerdings den Ökotrend für sich entdeckt. Vor allem Künstler setzen das neue Bewusstsein kreativ um. Alles Öko heißt das Motto beim *Treasured Trash-Projekt (www.treasured-trash.org,* Foto*)*, an dem u. a. *Fumiko Ikeda (Maru-yama Bldg. 2F, 1-16-1 Ebisu Nishi, Shibuya-ku, www.giftlab.jp)* beteiligt ist. Installationen wie z. B. Altpapier-Teddys, die zu einem Berg aufgetürmt wurden, sorgen für Aufsehen. Auch auf der international renommierten Kunstmesse *DesignTide (10-2 Kasumigaoka-cho, Shinjuku-ku, www.designtide.jp)* rückt der Ökoaspekt immer mehr in den Fokus. Die Betreiber vergeben mittlerweile auch einen Eco-Award.

▶▶ NIGHTLIFE

Klotzen, nicht Kleckern: Superclubs

„Big is beautiful" scheint der geheime Slogan der Tokioter Clubszene – für manch ein Venue braucht man fast schon ein Opernglas, um die Tänzer im Blick zu behalten. Zahlreiche Bars und Lounges vervollständigen das Bild von der Megadisko. Im House- und Hip-Hop-Club *Hachi (Aoyama Bldg., 4-5-9 Shibuya, Shibuya-ku)* erstreckt sich das Angebot über vier Stockwerke, inklusive DJ-Bar und Snack-Ecke. Hinter dem soliderem *Flower Club* im Nightlife-Viertel Roppongi *(Roi Bldg. 2F, 5-5-1 Roppongi, Minato-ku, www.roppongi-flower.jp)* verbergen sich zwei separate Clubs, die mit einer Tür verbunden sind – Kenner kommen spät, denn es dauert, bis sich der gigantische Dancefloor füllt. Die Krönung der Megadiskos steht allerdings in Nishi-Azabu: Das *alife (1-7-12 Nishi-Azabu, www.e-alife.net)* ist ein echter Tanzpalast auf vielen Ebenen. Achtung: Hier herrscht hohe Promi-Dichte, die Türsteher geben sich dementsprechend anspruchsvoll.

▶▶ HIPPE UNTERWÄSCHE

Nix mit Schiesser Feinripp

Schluss mit langweiliger Männer-Unterwäsche! Trendy Designer wie *Over the Twelve* (www.overthetwelve.com) und *Luscious Tokyo* (*Takeda Bldg., 4-26-23 Jingu-mae, Shibuya-ku, www.luscious.co.jp*) sorgen dafür, dass sich unter der Jeans auch mal ein Leoparden-Print oder andere heiße Muster verbergen. Frauen revanchieren sich bei *Peach John* (*Shibuya 109, 3. Etage, 2-29-1 Dogen-zaka, Shibuya-ku, www.peachjohn.co.jp*). Überraschungen, wie die *Fundoshi nana fun*, gibt's bei *Une nana cool* (*16-14 Udagawa-cho, Shibuya-ku, www.une-nana-cool.com*). Eigentlich wurden die Fundoshi-Wickeltücher, die einem String ähnlich sehen, einst von älteren Männern getragen, jetzt wurde das Gewand zur sexy Unterwäsche für Frauen befördert.

▶▶ INDIE-MUSIK

Live und unabhängig

Indie-Bands sind im Kommen. Als erste Bühne dienen den Nachwuchscombos oft die Einkaufsstraßen von Shinjuku und Harajuku. Wer's geschafft hat, lässt sich von Indie-Labels wie z. B. *Escalator Records* (www.escalator.co.jp) unter Vertrag nehmen. Die Ergebnisse der musikalischen Arbeit gibt's im *Ochanomizu Indies Store* (*Disk Union, Ochanomizu Hiroda Bldg. 3F, 2-1-18 Kanda-Surugadai, Chiyoda-ku*). Wer live mitrocken will, geht ins *Chelsea Hotel* in Shibuya (*4-7-B1, Udagawa-cho, www.chelseahotel.jp*).

▶▶ AUF DEN HUND GEKOMMEN

Im Zeichen der Tiere

Tierliebhaber kommen in Tokio Vierbeinern jetzt ganz nah. In den Dog Lovers Cafés wie *Puppy The World* (*Decks Tokyo Beach, 1-6-1 Odaiba, Minato-ku, www.puppytheworld.net*) oder den Katzen-Cafés wie *Neko Jalala* (*3-5-5 Sotokanda, Chiyoda-ku, www.nekojalala.com*) und *Curl-Up Café* (*1-7-4 Haramachi, Meguro-ku, http://neko-cafe.net*) können Sie mit den Tieren spielen oder sie ausführen. Wer sein Haustier mit zum Dinner nehmen will, geht am besten ins Restaurant *Saam Roa*. Hier gibt's Menüs für Mensch und Hund (*2-12-9 Minato-ku, Azabu juban, http://saamroa-hiroo.com*).

DRÄNGELKODEX

Wer als Tokio-Neuling zum ersten Mal versucht, in den Stoßzeiten mit der Bahn zu fahren, dem bleibt mit Sicherheit die Luft weg. Nicht nur, weil er hilflos eingepfercht kaum noch durchatmen kann, sondern auch angesichts der unglaublichen Rücksichtslosigkeit, deren fassungsloser Zeuge er wird. Die japanische Höflichkeit ist zwar sprichwörtlich, aber

deutlich anders. Ihre Regeln, geprägt vom Geist des Konfuzianismus, haben sich in einer Zeit herausgebildet, als die Gesellschaft noch streng vertikal gegliedert war und als jeder noch genau wusste, wer über oder unter ihm stand.

Formal und ritualisiert sind die Umgangsformen, selten spontan. Es gibt zwar einen Kodex für den Neigungswinkel, in dem sich wer, wann, wem gegenüber zu verbeugen hat,

Bild: Sumo-Ringer

STICH
WORTE

welche Anredeform zu wählen und welcher Abstand zu wahren ist. Aber das alte Japan kannte weder Fahrstühle noch Bahnen oder Busse, in denen man in beklemmender Enge anonym aufeinander trifft. Und so fehlt es dann auch an entsprechenden Vorschriften.

Statt nun den gesunden Menschenverstand walten zu lassen, reagiert man mit Abschottung: Das Gedränge und Geschiebe gilt als eine Art Natur-gewalt. Man liefert sich ihr bis zu einem gewissen Grad aus oder leistet Gegenwehr.

Am besten bahnen Sie sich daher Ihren Weg durch japanische Menschenmassen, indem Sie den Kopf senken oder mit glasigem Blick in eine unbestimmte Ferne schauen und den Entgegenkommenden die Ausweichinitiative überlassen. Das hilft zwar nicht immer, senkt aber die Kollisionsquote ganz erheblich.

NOH UND CO

In Tokio haben Sie Gelegenheit, alle klassischen Theaterformen kennen zu lernen: Noh, Bunraku und Kabuki. Das Noh-Theater entstand im 13. Jh. und war zunächst dem Adel vorbehalten. Alle Figuren, auch die Frauenrollen, werden von Männern dargestellt. Maske, Gestik und Bewegung sind bis zur Abstraktion stilisiert. Die mehrere Stunden dauernde Abfolge von Stücken wird durch Kyōgen, burleske Einlagen, aufgelockert, in denen Volkes Stimme zu Worte kommt.

Bunraku ist ein Puppentheater mit fast lebensgroßen Marionetten. Den Gang der Handlung erläutern – wie im Noh-Theater – ein Orchester und ein oder mehrere Erzähler. Das volkstümliche, effektvolle Kabuki schließlich stammt aus dem 17. Jh. Es beinhaltet Gesang, Pantomime und Tanz. Die ebenfalls nur männlichen Darsteller sind oft ausdrucksstark geschminkt. Hauptinstrument ist die Shamisen, eine Art Banjo.

PACHINKO

Unbeschreiblich ist der Lärm, der aus den poppigbunten Hallen quillt. Doch es sind nicht emsige Fließbandarbeiter die, artig aufgereiht, Knöpfe an merkwürdigen Automaten betätigen, sondern Hausfrauen, Angestellte, Studenten oder gar Firmenchefs, die hier „Entspannung" suchen. Die Apparate ähneln aufrecht stehenden Flipperkästen. Durch ihr Nägellabyrinth schnellen Stahlkugeln hoch und runter. Die Wartezeit bis zum Gewinn verkündenden Scheppern lässt sich mit einem Blick auf den Minifernseher über dem Spielkasten verkürzen. Geldgewinne sind verboten, stattdessen winken Schokolade oder Zigarettenstangen, die man dann freilich irgendwo in der Nähe gegen Bares eintauschen kann.

SUMO

Nicht nur die modernen Baseballheroen bringen die Tokioter in Emotionswallungen, auch Gladiatoren einer Jahrhunderte alten Sportart lösen dreimal im Jahr bei ihren zweiwöchigen Turnieren Begeisterung aus. Sumo ist Japans Nationalsport. Schauplatz der Giganten-Ringkämpfe im Januar, Mai und September (Beginn: zweiter Sonntag) ist die Kokugikan-Halle im Viertel Ryogoku. An Karten für die guten Plätze ganz vorn ist schwer zu kommen, aber auch von den billigeren Rängen (ab ca. 19 Euro) aus lässt sich das Geschehen recht gut verfolgen (*www.sumo.or.jp*). Denn die massigen Ringer, die fast alle an die 190 cm groß sind und um die 160 kg wiegen, sind tatsächlich kaum zu übersehen.

Die Chancen beim Kartenkauf sind am Wochenanfang (Montag bis Mittwoch) am größten. Erhältlich sind die Tageskarten an den Schaltern vorm Haupteingang. Wer sich gegen 10 Uhr eine sichert, kann die Zeit bis zum Turnierbeginn nebenan im Edo-Tokyo Museum überbrücken. Am Nachmittag geht es dann in die Halle, und dort erst einmal ins Sumo-Museum. Da sich die Besitzer der teuren Plätze meist erst gegen 4 Uhr einfinden, kurz vor den Kämpfen der stärksten Matadore, wagen sich die etwas forscheren Ausländer bis dahin ganz weit nach vorn an den Ring. Kommt dann schließlich der Platzeigner, verbeugt man sich nett, sagt *sumimasen* – Entschuldigung – und zieht sich die Schuhe wieder an, die man zuvor fein säuberlich vor den Platz gestellt hat.

TRENDSETTER

Der Tokioter Nachwuchs – allen voran die *joshi kōsei*, die Oberschülerinnen – kreiert und diktiert so ziemlich alle Jugendtrends und Modeerscheinungen in Japan. Beispiele gibt es massenhaft, die wenigsten sind allerdings von Dauer. Doch eine Art Leitthema dominiert seit Langem: Hauptsache *kawaii*, also niedlich. Kawaii ist das Maß aller Dinge für Japans jugendliche Trendsetter. Alles, was niedlich ist, ist in. Das gilt jetzt sogar für die japanische

Männerwelt. Kein Wunder, dass Kosmetika für das starke Geschlecht gerade richtig boomen. Auch der Besuch im Schönheitssalon ist keine Seltenheit mehr.

Die ältere Generation reagiert überrascht bis schockiert, und manche zweifeln gar am Fortbestand der Nation. Die Kids hätten ihre japanische Identität verloren, seien „amerikanisiert", wird lamentiert. Doch davon kann nicht die Rede sein. Es ist einfach wie überall: Spaß ist angesagt. In Japan, einer Gesellschaft, die traditionell Gruppen über das Individuum stellt, fällt es nur stärker auf, wenn der Nachwuchs sich Freiräume erobert und tradierte Verhaltensweisen neu definiert. Auswüchse wie *enkō*, oft über Online-Dating-Portale vermittelte Schülerinnenprostitution, die vom extremen Materialismus der Trendsetter gespeist werden, bieten aber Anlass zur Besorgnis.

> DAS KLIMA IM BLICK
Handeln statt reden
atmosfair

Reisen bereichert und verbindet Menschen und Kulturen. Jedoch: Wer reist, erzeugt auch CO_2. Dabei trägt der Flugverkehr mit bis zu 10 % zur globalen Erwärmung bei. Wer das Klima schützen will, sollte sich somit nach Möglichkeit für die schonendere Reiseform (wie z. B. die Bahn) entscheiden. Wenn keine Alternative zum Fliegen besteht, so kann man mit *atmosfair* handeln und klimafördernde Projekte unterstützen.

atmosfair ist eine gemeinnützige Klimaschutzorganisation.

Die Idee: Flugpassagiere spenden einen kilometerabhängigen Beitrag für die von

ihnen verursachten Emissionen und finanzieren damit Projekte in Entwicklungsländern, die dort helfen, den Ausstoß von Klimagasen zu verringern. Dazu berechnet man mit dem Emissionsrechner auf *www.atmosfair.de* wie viel CO_2 der Flug produziert und was es kostet, eine vergleichbare Menge Klimagase einzusparen (z. B. Berlin–London–Berlin: ca. 13 Euro). *atmosfair* garantiert, unter der Schirmherrschaft von Klaus Töpfer, die sorgfältige Verwendung Ihres Beitrags. Auch der MairDumont Verlag fliegt mit *atmosfair*.

Unterstützen auch Sie den Klimaschutz: *www.atmosfair.de*

HIER GEHT ES MEIST LUSTIG ZU

Ausgelassene Schreinfeste, Kirschblütenpracht in Parks und Gärten und Akrobatik auf Bambusleitern

> *Matsuri* – Feste – sind seit je Teil der Hauptstadtkultur. Die meisten Feste sind shintoistischen Ursprungs: Man dankt den Göttern und feiert mit ihnen an Schreinen und Tempeln und bei Prozessionen mit Trageschreinen. Dann zeigen sich die oft so zugeknöpft wirkenden Japaner von einer ganz anderen Seite. Und was wäre Tokio ohne die Kirsch- und Pflaumenblütenpracht im Frühjahr?

■ FEIERTAGE

1. Jan.: *Neujahr;* **2. Montag im Januar:** *Volljährigkeitstag;* **11. Feb.:** *Staatsgründungstag;* **21. März:** *Frühlingsanfang;* **29. April:** *Showa-Tag;* **3. Mai:** *Verfassungstag;* **4. Mai:** *Tag des Grüns;* **5. Mai:** *Kindertag;* **3. Montag im Juli:** *Tag des Meeres;* **3. Montag im September:** *Tag der Alten;* **23. Sept.:** *Herbstanfang;* **2. Montag im Oktober:** *Tag des Sports;* **3. Nov.:** *Tag der Kultur;* **23. Nov.:** *Tag des Arbeitsdankes;* **23. Dez.:** *Kaisers Geburtstag.* Fällt ein Feiertag auf einen Sonntag, so ist der folgende Montag arbeitsfrei.

■ FESTE UND VERANSTALTUNGEN

Januar

Kurz vor Jahreswechsel vertreiben 108 Tempelglockenschläge die menschlichen Gelüste, z.B. im Zōjōji [130 A4]. In Schreinen und Tempeln erfleht man in den ersten Neujahrstagen den Segen der Götter, etwa am Meiji-Schrein [128 B2] und in Asakusa. [127 F2]

2. Jan.: 9.30–15 Uhr: Im Palast zeigt sich die Kaiserfamilie dem Volk. [126 A–B6]

6. Jan.: Auf der Insel Harumi: Akrobatik auf hohen Bambusleitern. [131 D5]

Februar/März

Pflaumenblütenschau am Yushima-ten-jin-Schrein [126 C3], 25. Feb.–13. März
Tokyo International Anime Fair: Größte Anime-Messe der Welt im Tokyo Big Sight [133 E3], Ende März

April/Mai

Kirschblütenschau: feuchtfröhliche Gelage in Parks und Gärten, z.B. im Shinjuku Gyoen [124 B–C6], im Ueno-

Aktuelle Events weltweit auf www.marcopolo.de/events

> EVENTS
FESTE & MEHR

Park [126–127 C–D 1–2] oder auf dem Aoyama-Friedhof. [129 D3]

Frühlingsfest: Mit Bunraku- und Noh-Darbietungen sowie Bogenschießen am Meiji-Schrein, 29. April–3. Mai. [128 B2]

Sanja-Matsuri: Prozession in Asakusa mit über 100 Trageschreinen am 3. Samstag und Sonntag im Mai. [127 F2]

Juli

Feuerwerk am Sumida-Fluss, am letzten Samstag. [127 F3–4]

August

Yoshida no Himatsuri: Mit dem Feuerfest in Fujiyoshida endet am 26. die offizielle Fuji-Bergsteiger-Saison. [132 A3]

September

Tsurugaoka Hachimangū Matsuri in Kamakura. Am 15. findet ab Mittag die Trageschrein-Prozession statt, am 16. gibt es ab 13 Uhr Bogenschießen vom Pferd. [133 D5]

Oktober/November

Tausend-Samurai-Parade: der Höhepunkt des Tōshōgū-Schreinfests. Über Tausend Akteure in prächtigen Samurai-Gewändern ziehen am 17. durch Nikkō, 10–14 Uhr. [0]

Herbstfest am Meiji-Schrein: Höfische Tänze und Bogenschießen zu Pferde vom 30. Okt.–3. Nov. [128 B2]

Daimyō-Gyōretsu: Historisches Spektakel am 3. Nov. in Hakone. Eine Feudalherrenprozession aus dem 18. Jh. wird nachgestellt. [132 A6]

Shichi-go-san: Drei- und siebenjährige Mädchen sowie drei- und fünfjährige Jungen besuchen mit ihren Eltern am 15. Nov. den Schrein; die Kinder tragen festliche Kimonos – sehr fotogen am Meiji-Schrein. [128 B2]

Design Festa: Kreatives Feuerwerk im Messekomplex Tokyo Big Sight. Hier darf Mitte November jeder seine Kreationen zeigen. Auch im Mai. [133 E3]

▶▶ *Internationales Filmfestival:* Ende November in mehreren Kinos im Stadtteil Shibuya. [128 A–B4]

> HYPERMODERNE UND KLASSISCHE KULTUR

Vom Architekturfreak bis zum Zen-Romantiker – in Tokio kommt jeder auf seine Kosten

> **Tokio gleicht einem Mosaik aus einigen großen und unzähligen kleineren Steinchen. Wie Sie das Bild zusammensetzen, bleibt Ihnen überlassen.**

Was man unbedingt sehen sollte, ist zwar relativ schnell abgehakt, doch zu sehen gibt's dennoch unendlich viel: Schönes und Merkwürdiges, Geschichtsträchtiges und Hypermodernes. Sie werden auf Ihren Streifzügen Schreine, Tempel, Denkmäler und andere Dinge mehr entdecken, die kein Reiseführer verzeichnen kann, kleine Dinge, die nicht als wichtig gelten, aber für manchen die eigentlichen Attraktionen der japanischen Hauptstadt darstellen. Sie fallen nicht sofort ins Auge, sie wollen aufgespürt werden zwischen den Wolkenkratzern, Hochspannungsmasten und knallbunten Plakatwänden.

Diese Kunst des selektiven Betrachtens beherrschen Japaner perfekt. Nur das Wesentliche zählt: der

Bild: Shinjuku Gyoen

SEHENS WERTES

Zipfel eines elegant geschwungenen Tempeldachs, das ein Bauzaun nahezu verdeckt, das filigrane Fenstergitter eines schon halb verfallenen Holzhauses, der postmoderne Glas- und Marmorbau zwischen Garagen aus Wellblech. Von der historischen Substanz der alten Kaiserstadt ist kaum etwas übrig geblieben: Feuersbrünste, Erdbeben und die Bomben des Zweiten Weltkriegs haben das meiste zerstört.

Es gibt natürlich auch einen direkten Weg zum Kunstgenuss: einen Besuch im Museum. Der Schwerpunkt der Museen liegt im Bereich der asiatischen – und hier wieder besonders der japanischen – Kunst. Ob Zen-Malerei oder Kalligrafie, ob chinesisches Porzellan oder moderne japanische Keramik, ob dekorative Kimonos oder klassische japanische Farbholzschnitte oder auch einheimische Volkskunst: Die Vielfalt ist

UENO & ASAKUSA Seite 29

SHINJUKU Seite 41

KAISERPALAST & MARUNOUCHI Seite 24

SHIBUYA & HARAJUKU Seite 33

ROPPONGI & AKASAKA Seite 38

Die Karte zeigt die Einteilung der interessantesten Stadtviertel. Bei jedem Viertel finden Sie eine Detailkarte, in der alle beschriebenen Sehenswürdigkeiten mit einer Nummer verzeichnet sind

überwältigend. Die Museen sind montags und während der Neujahrsfeiertage sowie bei Ausstellungswechsel generell geschlossen. Für Sonderausstellungen gelten höhere Eintrittspreise als hier angegeben. Noch ein Rat: Schauen Sie sich vorwiegend japanische Kunst an. Sie werden genug damit zu tun haben, alle diese – mit Sicherheit interessanten – Eindrücke zu verdauen!

KAISERPALAST & MARUNOUCHI

> Um den Kaiser, der beschützt von hohen Mauern und seinen Hofbeamten

im Palast seinen Pflichten als oberster Shintopriester und „Symbol des Volkes" nachkommt, scharen sich die Mächtigen des Landes. Auf der einen Seite sind das Japans Politiker mit Parlament und Abgeordnetenbüros sowie Bürokraten in Ministerien und Ämtern, auf der anderen, im Geschäftsviertel Marunouchi, Japans Topunternehmen und Medienkonzerne.

1 HAUPTBAHNHOF [130 C1]

Der Amsterdamer Zentralbahnhof diente Tatsuno Kingo als Vorbild für den 1914 erbauten Bahnhof Tokio (Tokyo-eki). Leider verlor das ehemals vierstöckige Gebäude bei den amerikanischen Luftangriffen 1945 die obersten zwei Etagen und seine Flügeltürme – die Proportionen haben mächtig gelitten. Hinein geht's ins Getümmel. Denn alle Großbahnhöfe der Hauptstadt sind ein absolutes Erlebnis, allen voran der *Tokyo-eki:* Die Menschenmassen zur Hauptverkehrszeit, die kilometerlangen unterirdischen Einkaufsstraßen auf der Yaesu-Seite des Bahnhofs – hier kann man eine Art Crashkurs in Sachen Hauptstadtleben absolvieren. *U-Bahn (M 17) und S-Bahn Tokyo*

2 **IDEMITSU MUSEUM OF ART** [130 B2]
Eines der größten privaten Museen in Tokio mit der weltweit größten Sammlung von Tuschbildern und Kalligrafien des Zenmönches Sengai (1750–1837). Holzschnitte und Genremalereien von bedeutenden Künstlern geben Einblick in die längst vergangene Welt der Vergnügungsviertel von Edo und Kyoto. In der Haupthalle sind wertvolle chinesische und japanische Keramiken versammelt. *Di–So 10–17 Uhr, Fr bis 19 Uhr | Eintritt 1000 Yen | Teigeki Bldg. 9F | 3-1-1 Marunouchi | Chiyoda-ku | www.idemitsu.co.jp/museum/english/index.html | U-Bahn (H 07, C 09) Hibiya*

3 **KAISERPALAST** [130 A–B1]
Für Touristen ist der Kaiserpalast eine Enttäuschung, denn zu sehen gibt es nicht sehr viel von der Anlage. Zugänglich ist im Prinzip nur der Ostgarten, ehemals Standort der mächtigen Burg von Edo, in der von 1603 bis 1868 die Shōgune residierten. Nur zu Kaisers Geburtstag

MARCO POLO HIGHLIGHTS

⭐ **Asakusa-Kannon-Tempel**
Farbenfroher Trubel: Tausende strömen zum Tempel der barmherzigen Gottheit (Seite 29)

⭐ **National Museum**
Intensivkurs in japanischer Kulturgeschichte (Seite 31)

⭐ **Meiji-Schrein**
Inmitten der Großstadthektik ein Ort der Stille (Seite 35)

⭐ **Ōta Memorial Museum of Art**
Klein, aber fein – ein Holzschnittparadies (Seite 36)

⭐ **Mori Art Museum**
Spannende Ausstellungen in luftiger Höhe (Seite 38)

⭐ **Roppongi Hills**
Eine Stadt in der Stadt (Seite 39)

⭐ **Rathaus**
Ein atemberaubender Ausblick, der die Tokioter Steuerzahler ein Vermögen gekostet hat (Seite 42)

⭐ **Hamarikyū-Garten**
Teehaus vor Wolkenkratzer: Hier liegen Tradition und Moderne dicht beieinander (Seite 44)

⭐ **Edo-Tokyo Museum**
Stadtgeschichte unter futuristischem Dach (Seite 45)

⭐ **Fischmarkt**
Grandioses Spektakel auf dem größten Fischmarkt der Welt (Seite 46)

(23. Dez.) und an Neujahr (2. Jan.) werden die Tore zum Palastareal – wiederum nur zu einem bestimmten – Teil geöffnet. Das Palastgelände umfasst 110 000 m² und war im Preisboom Anfang der 1990er-Jahre schon einmal ebenso viel wert wie der gesamte US-Staat Kalifornien.

Im Anschluss bietet sich ein Spaziergang entlang den Palastmauern an: Am *Sakuradamon* [130 A–B1], dem „Kirschblütenfeld-Tor", ereignete sich am 24. März 1860 der Mordanschlag auf den starken Mann der Shogunatsregierung, Ii Naosuke, der den Aufstand gegen die Militärregierung in ganz Japan einleitete und 1868 den Kaiser wieder an die Macht brachte. Den *Haupteingang* [130 A–B1] zum Kaiserpalast erkennt man leicht: nicht nur an den beiden Brücken oder am Fushimi-Turm, einem der drei erhaltenen Originalgebäude der alten Edo-Burganlage, sondern an den Horden von uniformierten Schulkindern, die sich brav in Reih und Glied dem Fotografen fürs Klassenfoto stellen. Mit dem Rücken zum Kaiserpalast schauen die Schüler direkt auf die Skyline von Marunouchi, dem Banken- und Geschäftsviertel, dem modernen Machtzentrum der Hauptstadt.

Nur wenige von ihnen werden wissen, dass das gesamte Viertel dem Mitsubishi-Konzern gehört. Für rund 7000 Euro, damals eine recht stattliche Summe, hatte einer der Gründer des Konzerns der Meiji-Regierung das ehemalige Exerziergelände abgekauft und sich damit dem Spott der Geschäftswelt ausgesetzt, die das offensichtlich nutzlose Grundstück „Mitsubishi-Brachland" taufte. Heute lacht niemand mehr.

Der Spaziergang endet im *Ostgarten* [126 B5–6]: Durch das Ōte-Mon, das vollständig erhaltene Haupttor der Edo-Burg, führt der Weg an einem alten Wachhaus vorbei hinauf zum Hon-no-maru, dem Hauptteil der Burg. Zu sehen sind dort nur noch ein alter Wachturm und das Funda-

Die steinerne Nijū-Brücke überspannt den Burggraben am Haupteingang des Kaiserpalastes

1 Hauptbahnhof   3 Kaiserpalast   5 Parlament

2 Idemitsu Museum of Art   4 National Museum of Modern Art   6 Tokyo International Forum

ment des einst mächtigen Bergfrieds. Viel Phantasie ist nötig, um sich angesichts der paar Überbleibsel in die Zeit der Tokugawa-Shōgune zurückzuversetzen. Zudem stört die achteckige Tōka-Musikhalle, die zum 60. Geburtstag der Kaisermutter erbaut wurde. Sie ist sicherlich kein Glanzstück moderner japanischer Architektur.

Hinter dem Bergfried, doch nicht mehr im Ostgarten, liegt der Kitanomaru-Park mit der Budōkan, wo 1964 die olympischen Judowettkämpfe stattfanden. Die Halle dient weiter als Trainings- und Wettkampfstätte für die verschiedenen japanischen Kampfsportarten. Am Parkrand liegen einige Museen, darunter das für Moderne Kunst. *Ostgarten: meist Di–Do, Sa, So 9–16.30 Uhr (wegen Zeremonien unregelmäßig geöffnet)* | *www.kunaicho.go.jp/eindex.html* | *U-Bahn (C 11) Ōtemachi*

4 NATIONAL MUSEUM OF MODERN ART [126 B5]

Higashiyama Kaii, Yokoyama Taikan, Umehara Ryūzaburō, Takamura Kōtarō – Künstlernamen, die Kennern moderner japanischer Kunst das Herz höher schlagen lassen. Der interessierte Laie kann sich einen guten Überblick über die hiesige Kunstszene des 20. Jhs. verschaffen. Separat untergebracht ist die Abteilung für Kunsthandwerk, deren neugotischer Backsteinbau zu den wenigen noch erhaltenen Beispielen seiner Art gehört. Im 1910 errichteten einstigen Hauptquartier der kaiserlichen Wache werden japanische Keramik, Lack- und Metallarbeiten, Textilien und Korbwaren präsentiert. *Di–So 10–17 Uhr, Fr bis 20 Uhr* | *Eintritt 420 Yen* | *3-1 Kitanomaru Kōen* | *Chiyoda-ku* | *www.momat.go.jp/english* | *U-Bahn (T 08) Takebashi*

5 PARLAMENT [129 F1–2]

Inmitten des recht öde wirkenden Regierungsviertels Kasumigaseki erscheint das 1936 fertiggestellte, 201 m lange *Diet Building* fast wie ein Wunderwerk an Einfallsreichtum. Anklänge an deutsche Monumentalarchitektur jener Ära mögen zufällig sein. Der Turm über dem Haupteingang ist 65,5 m hoch. *Besichtigungen nur auf Antrag bei der Verwaltung* | *U-Bahn (M 14, C 07) Kokkaigiji-dōmae*

6 TOKYO INTERNATIONAL FORUM [130 B–C1]

„Atemberaubend schön!" – „kalt und abstoßend" – die Urteile über den Mehrzweckbau mit Konzertsälen, Konferenzräumen, Restaurants, Läden und Touristeninformation divergierten von Anfang an. Die 60 m hohe gläserne Atriumhalle besticht trotz der erdbebensicheren Stahlkonstruktion durch filigrane Leichtigkeit. Eine Milliarde Euro hat der 1997 vollendete Bau insgesamt verschlungen. *3-5-1 Marunouchi* | *Chiyoda-ku* | *www.t-i-forum.co.jp/english* | *S-Bahn (Yamanote), U-Bahn (Y 18) Yūrakuchō und U-Bahn (C 09, H 07) Hibiya*

Parlament: Der Plenarsaal des Repräsentantenhauses bietet Platz für 480 Abgeordnete

UENO & ASAKUSA

> Der Stadtteil um den Asakusa-Kannon-Tempel ist die Wiege der legendären Edo-Kultur. Das Sündenbabel Yoshiwara mit seinen Kurtisanen, die Schauspieler des Kabukitheaters – all das gehört der Vergangenheit an. Doch selbst heute spürt man noch etwas von dieser Atmosphäre, wenn man durch das Viertel schlendert. Etwa beim Besuch des Nachbarschaftsbadehauses, das auch von prächtig tätowierten *Yakuza*-Gangstern der japanischen Mafia frequentiert wird. Oder in der Küche eines winzigen Nudelrestaurants, aus dem es verlockend duftet. Oder wenn Sie auf der Straße einem alten Mann im Baumwollkimono begegnen, der höflich eine Asakusa-Geisha auf dem Weg zur Arbeit grüßt. Nebenan, im Bezirk Ueno, lässt sich die Reise in die Kulturvergangenheit ausweiten: Im Nationalmuseum am Rand des Ueno-Parks locken Japans Kunstschätze. In beiden Vierteln lässt sich aber auch die Gegenwart nicht ausblenden: Obdachlose haben ihre Plastikdomizile am Sumida-Fluss und im Ueno-Park aufgeschlagen.

Zwischen Donnergott und Ladenstraße: am Südtor des Asakusa-Kannon-Tempels

■1 ASAKUSA-KANNON-TEMPEL (SENSŌJI) ⭐ [127 F2]

Im Jahr 628, so will es die Legende, zogen zwei Fischer mit ihren Netzen eine kleine Statue der Barmherzigkeitsgöttin Kannon aus dem Miyato-Fluss. Als alle Versuche fehlschlugen, die Figur ins Wasser zurückzubefördern, lieferten die beiden den mysteriösen Fund bei ihrem Herrn ab. Dieser ließ alsbald eine Halle errichten – den Vorläufer des heutigen Tempels. Der spätere Bau von 1692 überstand zwar das große Kantō-Erdbeben von 1923, nicht aber die Bombenangriffe des Zweiten Weltkriegs. Die Rekonstruktion aus Stahlbeton wurde 1958 eingeweiht. Die sagenumwobene Kannon-Statue ist freilich schon seit Jahrhunderten verschwunden. Der Sensōji bildet bis heute das geistige und bauliche Zent-

UENO & ASAKUSA

rum des früheren Vergnügungsviertels Asakusa. Wie eng hier geistige Funktion und weltlicher Handel und Wandel zusammenhängen, erfährt noch heute jeder Besucher, der an Wind- und Donnergott vorbei durch das mächtige Südtor Kaminarimon unter der gewaltigen roten Laterne hindurch die quirlige Ladenstraße Nakamise betritt, die auf den Sensōji zuführt. Mit dem Golddrachentanz wird zweimal im Jahr (Mitte März und Mitte Oktober) am Sensōji die Entdeckung der kleinen Kannon-Figur gefeiert. *Tgl. 6–17 Uhr | 2-3-1 Asakusa | Tai-tōku | U-Bahn (G 19, A 18) Asakusa*

2 ASAKUSA-SCHREIN (ASAKUSA-JINJA) [127 F2]

Der shintoistische Schrein ist den beiden Fischern und ihrem Herrn aus der Gründungslegende des benachbarten Asakusa-Kannon-Tempels gewidmet. Das Schreinfest im Mai, **Insider Tipp** Sanja-Matsuri, zählt zu den faszinierendsten Spektakeln der Stadt. *Tgl.*

Glanzstücke: Das National Museum besitzt die weltweit größte Sammlung asiatischer Kunst

SEHENSWERTES IN UENO & ASAKUSA

1 Asakusa-Kannon-Tempel (Sensoji) **3** National Museum **5** Ueno-Park

2 Asakusa-Schrein (Asakusa-jinja) **4** Shitamachi Museum

6–17 Uhr | 2-3-1 Asakusa | Taitōku | U-Bahn (G 19, A 18) Asakusa

3 **NATIONAL MUSEUM** ⭐ [127 D1]

Hier folgt ein Superlativ auf den anderen: Japans lange Zeit größtes Museum besitzt die weltgrößte Sammlung asiatischer Kunst. Drei der vier Gebäude gruppieren sich um einen Hof, wo einst die Äbte des Tempels Kaneiji residierten.

Das pompöse, 2004 renovierte Hauptgebäude ist den japanischen Kunstschätzen vorbehalten. Unter den fast 90 000 Objekten – Gemälde, Kalligrafien, Skulpturen, Textilien,

Keramiken, Schwerter und Rüstungen – wurden 84 als Nationalschätze, weitere 521 als wichtiger Kulturbesitz klassifiziert. Alles Vorhandene auf einmal zu präsentieren ist unmöglich, darum werden die Exponate mehrmals im Jahr gewechselt. Im April/Mai und Oktober/November werden zudem Sonderausstellungen gezeigt. Das rechte Nebengebäude, Toyōkan, ist der Kunst anderer asiatischer Länder gewidmet. Hier sind ebenfalls zweimal jährlich größere Sonderausstellungen zu sehen.

Das kleinste und älteste Gebäude zur Linken – Hyōkeikan – wurde in neobarockem Stil 1909 zur Hochzeit des Kronprinzen und späteren Taishō-Kaisers fertiggestellt. In seinen neun Ausstellungsräumen beherbergt es archäologische Funde aus Japan. Neben den Töpferwaren aus der Mittleren Jōmon-Zeit (3500 bis 2000 v.Chr.) faszinieren vor allem die tönernen Haniwa-Figuren – Menschen, Tiere, Häuser und Boote –, die vom 3. bis zum 7. Jh. als Grabbeigaben dienten.

Hinter dem Hyōkeikan liegt das Schatzhaus des Tempels Hōryūji in Nara, ein wahres Kleinod unter den Kunststätten, das entsprechend behutsam behandelt wird. Mit Rücksicht auf die mehr als tausendjährigen Objekte – viele sind aus Holz oder Papier –, die der Hōryūji 1887 dem kaiserlichen Haushalt in Tokio überließ, ist es nur donnerstags zugänglich. Auch bei Regen oder wenn die Luftfeuchtigkeit 70 Prozent übersteigt, bleibt das Schatzhaus geschlossen. *Di–So 9.30–17 Uhr | Eintritt 600 Yen | www.tnm.go.jp/en | 13-9 Ueno Kōen | Taitō-ku | U-Bahn (G 16, H 17) und S-Bahn (Yamanote) Ueno*

4 **SHITAMACHI MUSEUM** [126 C2]

Wenn es Ihnen nicht gelingen will, im Beton-Häusermeer noch einen Hauch des alten Edo zu verspüren, lohnt sich der Spaziergang zu diesem kleinen schwarzweißen Bau am südlichen Rand des Ueno-Parks. Straßenszenen, Einblicke in Werkstätten, Läden und Wohnräume, Alltagsutensilien und Fotos aus der Zeit vor dem großen Erdbeben von 1923

> BLOGS & PODCASTS
Gute Tagebücher und Files im Internet

> **www.podkost.com** – Kilians Podkost ist ein privater Podcast über das Leben und interessante Menschen in Japan.
> **metropolis.co.jp/podcast/** – Professioneller Podcast des gleichnamigen englischsprachigen Stadtmagazins über kulturelle Themen in Tokio. Erscheint einmal wöchentlich auf Englisch.
> **www.japanvisitor.blogspot.com/** – Professioneller Blog mit Reisetipps und Japaninfos auf Englisch.
> **www.tabibito.de/japan_blog/blogs/** – Privater Blog über das Leben in Japan, geschrieben von einem Deutschen, der bei einem großen Internetportal in Japan arbeitet. Die Website zum Blog enthält auch ausführliche Japaninfos.
> **www.japan-guide.com/blog/schauwecker/** – In „Schauweckers Japan Travel Blog" berichtet der Webmaster des Japanportals *japan-guide.com* von seinen Japanreisen, inklusive brauchbarer Reisetipps. Auf Englisch.
> **www.tokyotimes.org/** – Blog mit tollen Fotos, garniert mit Notizen zu Trends in Japan und Tokio. Vom Engländer Lee Chapman, der seit 1998 in Tokio lebt.

Für den Inhalt der Blogs & Podcasts übernimmt die MARCO POLO Redaktion keine Verantwortung.

Picknick im Ueno-Park: besonders beliebt während der Kirschblüte

helfen der Phantasie auf die Sprünge. *Di–So 9.30–16.30 Uhr | Eintritt 300 Yen | 2-1 Ueno Kōen | Taitō-ku | U-Bahn (G 16, H 17) und S-Bahn (Yamanote) Ueno*

5 UENO-PARK [126–127 C–D 1–2]

Das Standbild von Takamori Saigō am Haupteingang erinnert an die blutige Schlacht, die hier im Mai 1868 tobte. Unter Führung von Saigō wurde das letzte Aufgebot des Tokugawa-Shogunats vernichtend geschlagen, der Weg für Japans Aufstieg zu einer modernen Nation war geebnet. Eines der ersten Resultate ist der Ueno-Park selbst. Die neue Meiji-Regierung ließ auf dem ehemaligen Schlachtfeld eine öffentliche Parkanlage entstehen, die einiges zu bieten hat: neben etlichen Museen, darunter das von Le Corbusier entworfene Museum für westliche Kunst, und Konzerthallen auch das Restaurant Seiydken, in dem man schon seit 1873 westlich speisen kann, sowie den *Tōshōgū-Schrein,* dessen Zufahrt zahlreiche Bronze-

und Steinlaternen säumen. Hübsch anzusehen ist das Puppen-Ensemble zu Füßen der Barmherzigkeitsgottheit Kannon am *Kiyomizu-Tempel*: Spenden dankbarer Eltern, denen ihr Kinderwunsch erfüllt wurde. Jedes Jahr am 25. September wird die Puppenschar in einer feierlichen Zeremonie verbrannt, um Neuzugängen Platz zu machen. Abstand ist geboten von einer anderen Gottheit, der Bentensama, die in einem Tempel auf einem Halbinselchen im Shinobazu-See residiert: Getrieben von notorischer Eifersucht, soll sie schon so manche zarten Bande jäh zerrissen haben! *Durchgehend geöffnet | U-Bahn (G 16, H 17), S-Bahn (Yamanote) Ueno*

SHIBUYA & HARAJUKU

> Jung, modisch, schick und elegant sind diese beiden Viertel. Doch auch das Vergangene findet sich hier: Der Meiji-Schrein, dessen Haupteingang nur wenige

SEHENSWERTES IN SHIBUYA & HARAJUKU

1 Hachikō   **3** Nezu-Museum   **5** Yoyogi-Park

2 Meiji-Schrein (Meiji-jingū)   **4** Ōta Memorial Museum of Art   **6** Yoyogi Sports Center

Meter vom Bahnhof Harajuku entfernt liegt, ist Tokios wichtigstes Shinto-Heiligtum. In ▶▶ Shibuya, jenseits der meistgefilmten Kreuzung der Welt mit ihren Megabildschirmen, liegt das Epizentrum von Japans Jugendkultur. Horden von Oberschülerinnen bevölkern dieses Teeny-Wonderland,

das Konsum- und Entertainmentparadies der Hauptstadtjugend. Wo Harajuku, das Viertel um die gleichnamige S-Bahn-Station, anfängt und aufhört, weiß niemand so richtig – die Grenzen nach Shibuya sind fließend. Harajuku bedeutet Street-Fashion, Kreativität und schrille Kreationen

> *www.marcopolo.de/tokio*

für die Kids in der ▶▶ Takeshita-dōri und der Cats Street. Zu Harajuku gehört aber auch ein Teil der Omotesandō, Tokios Prachtboulevard mit seinem internationalen Flair. In der Verlängerung der Flaniermeile – jenseits der Aoyama-dōri – haben sich Japans Top-Designer mit ihren Edelboutiquen angesiedelt.

■1 HACHIKŌ [128 B4]

Wo verabredet man sich in Shibuya? Keine Frage: am Hachikō natürlich, dem Bronzedenkmal eines Akita-Hundes. Hachikō, 1923 geboren, gehörte einem Professor der Tokio-Universität. Jeden Abend war er pünktlich zur Stelle, um seinen Herrn vom Bahnhof abzuholen. Eines Tages starb der Professor, Hachikō aber trottete weiter zur gewohnten Zeit an den gewohnten Ort, bis er nach zehn Jahren selbst das Zeitliche segnete. Schon zu seinen Lebzeiten hatte man ihm ein Denkmal gesetzt. Im Krieg wurde es eingeschmolzen. Seit 1948 wacht Hachikō wieder, die treuen Hundeaugen auf den Ausgang des Bahnhofs gerichtet. *U-Bahn (G 01, Z 01, F 16) und S-Bahn (Yamanote) Shibuya*

■2 MEIJI-SCHREIN (MEIJI-JINGŪ) ★ [128 B1–2]

1920 eingeweiht, 1945 zerbombt, 1958 wieder aufgebaut: Kurz, aber bewegt ist die Geschichte des Schreins, der dem Meiji-Kaiser (1852–1912) und seiner Gemahlin Shōken (1850–1914) gewidmet ist. Er strahlt eine solche Ruhe und Würde aus, als stünde er schon seit Jahrhunderten. Kaum ein zweites Bauwerk in Tokio ist so elegant und

beeindruckend. 100000 Büsche und Bäume aus allen Landesteilen schirmen ihn ab von der Hektik der Stadt. Zwei riesige *torii* – aus Stein das erste, aus tausendjährigem Zypressenholz das zweite dieser Ehrentore – überspannen den Kiesweg. Rechts von der Haupthalle sieht man an Bäumen und Gestellen unzählige Votivtäfelchen hängen. Nicht nur Einheimische haben darauf ihre Wün-

Shopping in der Omotesandō, Tokios Prachtboulevard mit Flair

SHIBUYA & HARAJUKU

Feierliche Prozession, freudiger Anlass: shintoistische Hochzeit am Meiji-Schrein

sche verewigt. Folgen Sie getrost ihrem Beispiel. Japans Shintō-Götter scheren sich überhaupt nicht um Sprachbarrieren!

Insider Tipp Blühen die Schwertlilien, lohnt sich ein Abstecher zum Irisgarten. Schon Kaiserin Shōken erholte sich hier von den Strapazen des Monarchendaseins. Im Schatzhaus hinter dem Schrein sind Gegenstände aus dem Besitz des Kaiserpaares ausgestellt. *Tgl. 9–17.30 Uhr | 1-1-1 Kamizono | Shibuya-ku | www.meiji jingu.or.jp/english/ | U-Bahn (C 03, F 15) Meijijingūmae, S-Bahn (Yamanote) Harajuku*

Insider Tipp **3 NEZU-MUSEUM** [128 C3]
Ein Museumsjuwel: Der 2009 fertiggestellte Neubau von Kengo Kuma gibt der sehenswerten Privatsammlung das architektonische I-Tüpfelchen. Museumsgründer Nezu Kaichirō begann seine Sammlung zu einer Zeit, als Japans ehemalige Feudalfürsten ihre Kunstschätze gegen Bares eintauschten. Er hat Werke einheimischer Künstler ebenso gesammelt wie Meisterstücke aus China

und Korea. Auch der Garten lohnt: eine schattige Großstadtoase mit einem Teich, Steinlaternen und Teehäusern, in denen Teezeremonien stattfinden. Besonders begehrt sind die Fensterplätze mit Blick auf den Garten im Nezu-Café. *Di–So 10–16.30 Uhr | Eintritt 1000 Yen | 6-5-1 Minami-Aoyama | Minato-ku | www. nezu-muse.or.jp/en/ | U-Bahn (G 02, C 04) Omotesandō*

4 ŌTA MEMORIAL MUSEUM OF ART ★ [128 B2]
Je kleiner das Museum, desto größer der Kunstgenuss! Ein Satz, der auf das besucherfreundlich gelegene Ōta-Museum voll zutrifft. Am Eingang entledigt man sich der Straßenschuhe und wandelt auf Teppichfußboden und Tatami-Matten. Ein kleiner Steingarten mit Bank und Laternen vervollständigt das behagliche Ambiente. Die Sammlung umfasst über 12 000 Holzschnitte von Meistern wie Hiroshige (1797–1858) und Utamaro (1753–1806). Hinzu kommen wechselnde Ausstellungen, die thematisch orientiert sind. Eine Teestube

im Untergeschoss lädt zur Rast ein. *Di–So 10–17.30 Uhr; vom 27. bis Monatsende geschl. | Eintritt je nach Ausstellung wechselnd | 1-10-10 Jingūmae | Shibuya-ku | www.ukiyoe-ota-muse.jp/index-E.html | U-Bahn (C 03, F 15) Meijijingūmae, S-Bahn (Yamanote) Harajuku*

5 YOYOGI-PARK ▶▶   [128 A–B 1–2]

Vor der Wolkenkratzerkulisse von Shinjuku atmet dieser ehemalige Exerzierplatz der kaiserlichen Armee an Wochenenden einen Hauch New Yorker Central-Park-Atmosphäre. Zudem hatte die amerikanische Besatzungsmacht hier ihre Soldaten untergebracht, ehe 1964 die Olympiateilnehmer einzogen. Danach wandelte man das Ganze in einen öffentlichen Park um: Rad fahren kann man hier und joggen, ein Picknick veranstalten oder sich einfach auf dem Rasen ausstrecken, während hinterm nächsten Busch womöglich ein Musikstudent geigt oder auf der Trompete bläst. Die beengten Wohnverhältnisse zwingen so manchen zum Üben unter freiem Himmel. *Tgl. 9–17 Uhr | U-Bahn (C 03, F 15) Meijijingūmae, S-Bahn (Yamanote) Harajuku*

6 YOYOGI SPORTS CENTER   [128 B3] *Insider Tipp*

1964 fanden in Tokio die Olympischen Spiele statt. Die beiden Hallen, die Kenzō Tange hierfür entwarf, zählen zum Schönsten, was es an zeitgenössischer Architektur im Lande gibt: eine gelungene Umsetzung japanischer Bautradition in eine moderne Architekturkonzeption. *Südlich vom Yoyogi-Park | U-Bahn (C 03, F 15) Meijijingūmae*

> SCHREINE UND TEMPEL
Heilige Stätten von Shintoismus und Buddhismus

Als Faustregel gilt: Shinto-Schreine erkennt man an den doppelbalkigen Eingangstoren, den *torii*, Buddhatempel an den Pagoden und Swastika-Ornamenten. Doch nicht jeder Tempel hat eine Pagode, und Hakenkreuze zieren auch Schreine. So fließend wie die Architekturformen sind auch die Übergänge in den Religionen selbst: Zum Shinto, der japanischen Urreligion, die ihre Ursprünge im Schamanismus und Animismus hat, gesellte sich im 6. Jh. der Buddhismus. Glaubenskriege blieben aus, eine Entscheidung für die eine oder andere Religion ist nicht erforderlich. Für die fröhlichen Ereignisse im Leben – Geburt oder Heirat – sind normalerweise die Shinto-Götter zuständig. Bestattet wird eher nach buddhistischem Ritus.

Moderne Skulptur von Takeshi Murakami im Mori Art Museum

ROPPONGI & AKASAKA

> Nirgendwo hat sich Tokio so rasant verändert wie hier: Bis vor kurzem galt Roppongi noch als reines Vergnügungsviertel, in dem sich Ost und West trifft, während Akasaka als Nobel-Hotelviertel ergraute. Mit dem Bau der beiden Wolkenkratzerkomplexe Roppongi Hills und Tokyo Midtown ist die städtebauliche Zukunft – zumindest für die Wohlhabenderen – in die beiden Viertel eingezogen: „Stadt in der Stadt" heißt das Konzept. Auch Kunstliebhaber kommen auf ihre Kosten im sogenannten Tokioter Kunstdreieck mit dem National Art Center, dem Museum in Roppongi Hills und dem Suntory Museum in Tokyo Midtown.

1 HIE-SCHREIN (HIE-JINJA) [129 F2]

Fürst Ōta Dōkan ließ hier im 15. Jh. einen Schrein für Oyamakuni no kami, die Schutzgottheit von Edo, errichten. Unter dem Patronat der Tokugawa-Shōgune wurde er der populärste aller Schreine in Edo; das Schreinfest Sannō Matsuri galt als „Fest ohnegleichen". Noch heute wird es Mitte Juni gefeiert. Höhepunkt ist die Shinto-Parade, eine Prozession von kaiserlichen Sänften, an der rund 400 Personen in Kostümen im Stil der Heian-Zeit (9. bis 12. Jh.) teilnehmen – allerdings nur in geraden Jahren. Ein Gebet am Hie-Schrein soll vor Frühgeburten und Verkehrsunfällen schützen – eine eigenwillige Kombination. Beim Schutz der eigenen vier Wände war die Gottheit weniger erfolgreich: Sie fielen im Zweiten Weltkrieg in Schutt und Asche. 1959 wurden sie durch einen Neubau ersetzt. Gegen Ende Juli findet am Schrein eine Noh-Aufführung im Freien statt. *Tgl. 5 bis 18 Uhr | 2-10-5 Nagata-chō | Chiyoda-ku | U-Bahn (G 05, M 13) Akasa-kamitsuke*

2 MORI ART MUSEUM ⭐ ☀ [126 B5]

Das 2003 eröffnete Museum in luftiger Höhe hat keine eigene Sammlung, doch die modernen Ausstellungen sorgen immer wieder für Schlagzeilen. Wer fürs Aussichtsdeck eine Karte erwirbt (ca. 11 Euro), darf umsonst ins Museum. *Mi–Mo 10–22*

Uhr, Di 10–17 Uhr | Eintrittspreis variiert je nach Ausstellung | 52Fl und 53Fl Mori Tower | 6-10-1 Roppongi | Minato-ku | www.mori.art.museum/eng/index.html *| U-Bahn (H 04, E 23) Roppongi*

3 THE NATIONAL ART CENTER, TOKYO [129 D3]

Hinter der schwungvollen Fassade von Kisho Kurokawa scheinen dem bekannten Architekten etwas die Ideen ausgegangen zu sein. Das innenarchitektonische Konzept des 2007 eröffneten Centers wirkt fast schon langweilig. Für Erholungsbedürftige bietet die 15 000 m² große Ausstellungsfläche für Wechselschauen im Erdgeschoss mit Sesseln und Stühlen ein angenehmes Plätzchen zum Entspannen. *Mi–Mo 10–18, Fr bis 20 Uhr | Eintritt frei, Ausstellungen haben wechselnde Preise | 7-22-2 Roppongi | Minato-ku |* www.nact.jp/english/index.html *| U-Bahn (C 05) Nogizaka*

4 NOGITEI [129 E3]

Als der Sarg des Meiji-Kaisers das Palastgebäude verließ, begingen die Bewohner dieses Hauses *seppuku,* rituellen Selbstmord. Es waren General Nogi, Held des Russisch-Japanischen Krieges, und seine Frau. Seither fühlen sich die japanischen Besucher von dieser Stätte – einem schlichten Bau aus dem Jahre 1889 – magisch angezogen. Durch die Fensterscheiben können Sie einen Blick auf den Schauplatz des blutigen Geschehens werfen. Der Nogi-Schrein gleich nebenan besticht durch seine klare Architektur. *Tgl. 9–16 Uhr, zum Jahreswechsel geschl. |*

8-11-32 Akasaka | Minato-ku | U-Bahn (C 05) Nogizaka

5 ROPPONGI HILLS ★ [129 E4]

„Die Stadt in der Stadt" ist das Wahrzeichen des modernen Tokio. Rund zwei Milliarden Euro hat der im Jahr 2003 eröffnete, 116 000 m² große City-Komplex gekostet. Im Zentrum des ambitionierten Projekts thront der 54-stöckige Mori Tower mit Museum und Aussichtsdeck. Die „City" beheimatet außerdem mehr als 200 Geschäfte und Restaurants, ein Luxushotel, vier Wohnblocks, einen Freiluft-Eventspace, die Zentrale des TV-Senders Asahi und einen Kinokomplex. Kunstobjekte wie die 10 m hohe Spinne von Louise Bourgeois oder der japanische Garten sorgen

The National Art Center: schwungvolle Fassade, viel Platz zum Entspannen

ROPPONGI & AKASAKA

SEHENSWERTES IN ROPPONGI & AKASAKA

- 1 Hie-Schrein (Hie-jinja)
- 2 Mori Art Museum
- 3 The National Art Center, Tokyo
- 4 Nogitei
- 5 Roppongi Hills
- 6 Tokyo Midtown

beim „Stadtbummel" durch Roppongi Hills zusätzlich für Abwechslung und Inspiration. *6-10-1 Roppongi | Minato-ku | www.roppongihills.com/en/ | U-Bahn (H 04, E 23) Roppongi*

6 TOKYO MIDTOWN [129 E3]

Höhenmäßig hat der 2007 eröffnete Tokyo Midtown mit seinen knapp 250 m den Wolkenkratzerkrieg mit Roppongi Hills für sich entschieden.

Der hauptsächlich vom US-amerikanischen Architekturbüro Som entworfene Megakomplex besteht aus insgesamt sechs Teilen. Die beherbergen auf 53 Stockwerken Geschäfte und Restaurants, Büros und Luxusapartments sowie eine Filiale der Edel-Hotelkette Ritz-Carlton. Einen Besuch wert ist das von Kengo Kuma entworfene *Suntory-Museum (Mi–Sa 10–20 Uhr, So und Mo 10–18 Uhr |*

> **www.marcopolo.de/tokio**

Eintrittspreis wechselnd). Es zeigt eine der interessantesten privaten Sammlungen japanischer Kunst.

Architektonisch eindrucksvoll ist der von Tadao Ando und Issey Miyake konzipierte *21_21 Design Sight (Mi–Mo 11–20 Uhr, geschl. 30. Dez.–3. Jan. | Eintritt 1000 Yen)*, in dem Designausstellungen präsentiert werden. *9-7-1 Akasaka | Minato-ku | www.tokyo-midtown.com/en/ | U-Bahn (C 5) Nogizaka, (H 04, E 23) Roppongi*

SHINJUKU

> **Ein Viertel mit vielen Facetten: Hierzu gehört das Wolkenkratzerviertel westlich des Bahnhofs mit seinen Hotel- und Bürohausriesen.** Am höchsten von ihnen ragt das neue Rathaus in den Himmel. Zu Shinjuku gehört aber auch der skurrilste Rotlichtbezirk der Metropole, Kabukichō, nordöstlich des Bahnhofs. Und Shinjuku steht für unbegrenzten Einkaufsbummel durch Kaufhäuser von Rang und Namen, durch Dutyfreeläden, trendige Boutiquen oder die unterirdischen Passagen rund um den labyrinthischen Bahnhof Shinjuku. Selbst Naturfreunden hat der Stadtteil etwas zu bieten: den 50000 m² großen Park Shinjuku Gyoen.

1 JAPAN SWORD MUSEUM [128 A1]

Was wären die Samurai ohne ihre Schwerter! Von der Heian-Zeit (794 bis 1185) bis zur Gegenwart – noch gibt es einige Schwertschmiedemeister – sind hier 6000 der prächtigsten Exemplare versammelt. Ausgestellt werden jeweils nur ca. 30 Meisterstücke. *Di–So 10–16.30 Uhr | Eintritt 525 Yen | 4-25-10 Yoyogi | Shibuya-ku | S-Bahn (Odakyu) Sangūbashi*

2 NTT INTER COMMUNICATION CENTER [133 E2]

Einen fetzigeren Namen hätte diese interaktive Erlebniswelt im 4. Stock der 234 m hohen Tokyo Opera City

Tokyo Midtown: Tokios jüngster und höchster Wolkenkratzerkomplex

SHINJUKU

schon verdient – der Wolkenkratzer-komplex verweist mit seinem Namen auf das neue Nationaltheater, das er beherbergt. Gezeigt werden zum Teil sensationelle Installationen zu den Themen Information und Kommunikation.

In der Dauerausstellung gibt's Hightechkunst zum Anfassen, Mani-

Roter Ruhepol: Shinto-Schrein in Shinjuku

pulieren oder ganz einfach zum Bestaunen. Eine Elektronikbibliothek mit Internet-Terminals sowie ein Cybercafé ergänzen die gelungene Konzeption. Bringen Sie auf jeden Fall reichlich Zeit mit, und kommen Sie am besten werktags am Vormittag, sonst sind die Warteschlangen vor den besten Spielkunstwerken zu lang, und der Erlebnisspaß leidet. *Di–So 10–18 Uhr | Eintritt je nach Ausstellung wechselnd | Tokyo Opera City Tower 4F | 3-20-2 Nishi-Shinjuku | Shinjuku-ku | www.ntticc.or.jp | U-Bahn (hellgrün, Keiō New Line) Hatsudai*

3 RATHAUS ★ ☀ [124 A5]
Monumental – so lässt es sich wohl am treffendsten beschreiben, dieses 243 m hohe Bauwerk aus Granit und Stahlbeton. Mit ihm wollte sich Japans Architektenlegende Kenzō Tange offenbar selbst und der japanischen Hauptstadt ein Denkmal setzen. Das höchste Rathaus der Welt zu bauen hat rund eine Milliarde Euro gekostet. An Feiertagen stehen die Besucher Schlange, um von den Aussichtsplattformen im 45. Stock beider Türme kostenlos den Blick in die Ferne schweifen zu lassen. *Tgl. 9.30 bis 23 Uhr (Nord-Tower), tgl. 9.30 bis 17.30 Uhr (Süd-Tower), 29. Dez. bis 3. Jan. geschl. sowie an Inspektionstagen (dann jeweils nur ein Tower geöffnet bis 23 Uhr) | 2-8-1 Nishi-Shinjuku | Shinjuku-ku | U-Bahn (E 28) Tochō-mae, S-Bahn (Yamanote) Shinjuku*

4 SHINJUKU GYOEN [124 B–C6]
Im japanischen Teil des Gartens fand 1989 die offizielle, shintoistische

Trauerzeremonie für den verstorbenen Kaiser Hirohito statt. Nach der Meiji-Restauration 1868 war der Garten, eine reizvolle Kombination englischer, französischer und japanischer Gartenarchitektur, aus dem Besitz des mächtigen Feudalherrn Naitō in kaiserliche Hände übergegangen. Seit dem Ende des Zweiten Weltkriegs ist die über 50 000 m² große Grünanlage, die besonders zur Kirschblütenzeit viele Besucher anzieht, der Öffentlichkeit zugänglich. Blumenliebhabern empfiehlt sich auch die Chrysanthemenschau im Herbst. *Di bis So 9–16 Uhr | Eintritt 200 Yen |*

11 Naitōchō | Shinjuku-ku | U-Bahn (M 10) Shinjuku-gyoenmae

GINZA, ODAIBA, YANAKA & NEZU

GINZA   [130 B–C 2–3]

Im Ginza-Viertel präsentiert sich Tokio als Metropole mit fernöstlichem Reiz. Hier kann man edel und exklusiv einkaufen. Alteingesessene Geschäfte und Traditionskaufhäuser gibt es ebenso wie Shoppingpaläste der bei Japanern so beliebten europäischen Nobelmarken wie Bulgari,

Chanel, Cartier oder Armani. Große Vielfalt bieten die kleinen Seitenstraßen mit ihren Restaurants und Bars, Cafés und Boutiquen, deren Besitzer häufig wechseln, sowie Foto- und Gemäldegalerien. Nirgendwo in Japan gibt es höhere Immobilienpreise als in der Ginza.

Der ★ *Hamarikyū-Garten (Hamarikyu Onshi Teien* [130 B–C4] *| Di bis So 9–17 Uhr, 29. Dez.–3. Jan. geschl. | Eintritt: 300 Yen | U-Bahn (E 19) Shiodome)* diente den Tokugawa-Shōgunen als Sommersitz. 1869 an die Tennoregierung übergegangen, verwöhnte hier Kaiser Meiji US-Präsident Ulysses S. Grant. Der faszinierendste Teil des Gartens der kaiserlichen Villa Hama bildet ein Teich, der durch Meerwasser gespeist wird. Hier führen drei von Glyzinien beschattete Brücken auf ein Inselchen, wo ein **Teehaus** zur Rast lädt. Bei einer Tasse Tee für ca. 4 Euro können Sie herrlich entspannen und die sanft gewundenen Pfade, die künstlich angelegten Hügel und uralte japanische Kiefern bewundern. Oder Sie zücken die Kamera und machen

Insider Tipp

den Tokio-Schnappschuss: vom Teehaus mit dem Shiodome-Wolkenkratzerviertel im Hintergrund!

Nicht Kunst, sondern modernstes Elektronikdesign präsentiert Sony auf mehreren Stockwerken direkt an der Sukiyabashi-Kreuzung – von HD-Kameras über PCs bis Playstation. Außerdem: ein HD-Kino und der Sony Shop Avic, wo auch ausländische Besucher Kunden werden können – zollfrei. Das beste: Eintritt frei! *Sony Building | 5-3-1 Ginza | Chuo-ku | www.sonybuilding.jp/e/index.html | U-Bahn (M 16, H 08, G 09) Ginza*

ODAIBA [133 E3]

Irgendwie wird man hier das Gefühl nicht los, dass man gleich Eintritt zahlen muss. Denn der jüngste und modernste Stadtteil der Metropole hat etwas Unwirkliches. Die künstliche Insel Odaiba mit all ihren futuristischen Gebäuden, Vergnügungs- und Einkaufszentren könnte auch ein riesiger Themenpark sein. Dass Tokio eine Hafenstadt ist, eine Stadt am Meer, das spürt man nirgendwo deutlicher als auf dieser aufgeschütteten

Schauen und Teetrinken: Hamarikyū-Garten mit Blick aufs Shiodome-Wolkenkratzerviertel

„Müllhalde", die sich auch zum ▶▶ *romantic spot* für Pärchen gemausert hat: Die einen cruisen im Auto, die anderen flanieren Händchen haltend am Kunststrand. *Yurikamome-Linie (ab Shimbashi)*

YANAKA & NEZU [126 B–C1]

Ein Hauch vom fast völlig zerstörten Alt-Tokio lebt fort in Yanaka. Auf der Rückseite des Ueno-Hügels bis hinunter in die „Tal-Mitte" *(ya-naka)* zeugen in schmalen Sträßchen und engen Gassen noch alte Holzhäuser, verwitterte Steinlaternen und Mauern von Edo-Tagen. Auf der Yanaka-Ginza reiht sich Lädchen an Lädchen, manches mit einem Sortiment wie vor 200 Jahren: Sembei-Reiscracker, japanische Süßigkeiten, Eingelegtes und Gedörrtes.

Um 1900 wohnten hier, nahe der Kunsthochschule, Maler und Bildhauer, darunter Taikan Yokoyama und Kanzan Shimomura, die Väter der modernen japanischen Malerei. Der weitläufige Yanaka-Friedhof, einer der ältesten der Stadt und eher eine Parklandschaft, lädt zum Spaziergang ein. Nirgendwo in Tokio gibt es so viele Tempel wie in dieser Gegend, vor allem entlang der Sansaki-zaka hinunter nach Sendagi. Kleine Läden halten auch dort traditionelles Kunsthandwerk feil. Schon der spanische Maler Joan Miró hat hier seine Pinsel gekauft.

Sehenswert ist auch das Atelier und Wohnhaus des Bildhauers Fumio Asakura (1883–1964). Hinter der schroffen Fassade des *Asakura Chō-Sokan (Di–Do, Sa und So 9.30–16.30 Uhr | Eintritt 400 Yen |* [133 E2] *7-18-10 Yanaka | U-Bahn (C 15) Sendagi |*

S-Bahn (Yamanote) Nippori) verbirgt sich höchst eigenwillige Architektur aus der Zeit vor dem Zweiten Weltkrieg: Von der Skulpturengalerie abgesehen, ist die Atmosphäre keineswegs museal. Man ist zu Gast in einem traditionellen Privathaus, vom Künstler selbst entworfen und mit viel Sorgfalt eingerichtet. Den Mittelpunkt des Anwesens bildet ein reizvoller Zen-Wassergarten, die 🌸 Dachterrasse gewährt einen Rundumblick auf die Umgebung.

Der *Nezu-Schrein (Nezu-jinja)* ist neben dem Asakusa-Schrein und dem Tōshōgū-Schrein in Ueno der dritte Tokioter Schrein, der als „wichtiger Kulturbesitz" gilt *(tgl. 6 bis 17 Uhr |* [126 B1] *1-28-9 Nezu | Bunkyō-ku | U-Bahn (C 14) Nezu).* 1706 im prunkvollen Gongen-Stil erbaut, den die frühen Tokugawa-Shōgune so sehr schätzten, wurde er im Zweiten Weltkrieg schwer beschädigt, danach jedoch originalgetreu rekonstruiert. Die heutige, großzügige Anlage lockt mit Karpfenteichen, Ginkgobäumen und einer fröhlich flatternden Taubenschar. Ab Ende April erfreut zudem die Blütenpracht von mehr als dreitausend Azaleenbüschen das Auge, und man feiert sie mit Musik und Tanz. Festlich geht es hier auch am 21. September beim Nezugongen-Matsuri zu.

Insider Tipp

IN ANDEREN VIERTELN

EDO-TOKYO MUSEUM ⭐ [127 F4]

In diesem futuristischen Gebäude wird die Stadtgeschichte von Tokio präsentiert. Gespart haben die Stadtväter nicht: Gleich am Eingang marschieren die Besucher über eine getreue Nachbildung der Brücke Nijūbashi. *So, Di–Fr 9.30–17.30 Uhr, Sa 9.30 bis 19.30 Uhr | Eintritt 600 Yen | 1-4-1 Yokoami | Sumida-ku | www. edo-tokyo-museum.or.jp/english/index. html | U-Bahn (E 12) und S-Bahn (Sobu) Ryōgoku*

FISCHMARKT ⭐ [130 C3–4]

Das frühe Aufstehen lohnt sich: Der Fischmarkt in Tsukiji, der größte der Welt, bietet ein grandioses Spektakel. Hier beginnt der Tag um 2 Uhr nachts. Lastwagen karren Zappelndes und Tiefgefrorenes aus allen Häfen des Landes herbei. Gegen 5.30 Uhr beginnt die Fischauktion. In atemberaubender Geschwindigkeit, mit geheimnisvollen Handzeichen und in einem Kauderwelsch, das nur Eingeweihte verstehen, wird der Fang an verschiedenen Stellen gleichzeitig an die Großhändler versteigert. Von zierlichen Krebsen bis zu gigantischen Thunfischen – in gut einer Stunde wechseln rund 3000 t von mehr als hundert Sorten Meeresgetier den Besitzer. Gegen 7 Uhr erscheinen die Einzelhändler, um ihre Auswahl für den Tag zu treffen. Zu 90 Prozent deckt das fangfrische Angebot in Tsukiji den täglichen Fischbedarf der Hauptstadtbewohner. Genug zu bestaunen gibt's auch noch den Rest des Vormittags – auf dem Fischmarkt und später dann in den vielen kleinen Läden mit ihrem teils recht exotischen Angebot. Besonders beliebt sind auch die kleinen Sushi-Läden direkt auf dem Gelände des Fischmarkts. Einer der populärsten: Daiwa Sushi *(tgl. 5.30–13.30 Uhr (!) | Tsukiji Ichiba | 2F Rokugokan | Gedeck ca. 30 Euro).* Zum Mittagessen früh anstellen!

Ein Wort zur Vorsicht: Händler und Arbeiter verstehen ihr Geschäft nicht als Touristenattraktion. Sie nehmen keinerlei Rücksicht, es kann zu Rem-

Für Frühaufsteher: Am größten Fischmarkt der Welt beginnt der Tag um 2 Uhr nachts

Edo-Tokyo Museum: außen futuristisch, innen Zeitreise in Tokios Vergangenheit

peleien kommen. Wegen des großen Touristenandrangs wird die Thunfisch-Auktion zeitweise gesperrt (Termine siehe Website). Außerdem wurde die Touristenzahl für die Thunfisch-Auktion beschränkt, Anmeldung ist nun notwendig. Unbedingt vorher informieren *(Tel. 35 47 80 11)*. Aber auch ohne Auktion ist der Tokioter Fischmarkt ein Erlebnis! *Mo–Sa 5–10 Uhr, zweimal im Monat geschl. (wechselnde Daten) | www.tsukiji-market.or.jp/tukiji_e.htm | U-Bahn (H 10) Tsukiji (E 18) Tsukijishijō*

JAPAN FOLK CRAFTS MUSEUM [133 D3]

Mingei – Kunst des Volkes – ist ein Begriff, den der Museumsgründer Yanagi Sōetsu geprägt hat. Im Zweiten Weltkrieg entging das 1936 eröffnete Haus nur knapp dem Flammenmeer der Brandbomben. Von den mehr als zehntausend Stücken der Kollektion – Lackkästchen und Papiermaché-Puppen, Minischreine und Kommoden, Keramiken und vieles mehr – werden jeweils rund tausend ausgestellt. Schön sind auch die

Museumsbauten: Die Replik eines Bauernhauses aus der Präfektur Tochigi beherbergt die Sammlung, das wuchtige Eingangstor zu einem solchen Gehöft die Verwaltung. *Di–So 10–17 Uhr | Eintritt 1000 Yen | www.mingeikan.or.jp | 4-3-33 Komaba | Meguro-ku | Inogashira-Bahn (ab Shibuya) Komaba*

JAPAN OPEN-AIR-FOLK-HOUSE MUSEUM [133 D3]

Insider Tipp

20 Minuten mit der Bahn und ein Fußweg von einer Viertelstunde, und schon sind Sie im ländlichen Japan vergangener Zeiten. Auf dem hügeligen Parkgelände ist bequemes Schuhwerk unerlässlich! Hier verteilen sich locker und reizvoll arrangiert 25 traditionelle Gebäude, die aus verschiedenen Landesteilen hierher versetzt wurden. Im Inneren der Gebäude können Sie historisches Mobiliar und Handwerkszeug besichtigen. Auch ein dörfliches Kabukitheater mit einer handbetriebenen Drehbühne ist zu sehen sowie ein Vorratshaus auf Stelzen. *Di–So 9.30–16.30 Uhr, Tag*

nach Feiertagen geschl. sowie 28. Dez. bis 4. Jan. | Eintritt 500 Yen | www.city.kawasaki.jp/88/88minka/home/minka_e.htm | Odakyū-Linie ab Shinjuku bis Mukōgaokayūen

KANDA-MYÔJIN-SCHREIN [126 C4]

Die Schreingebäude, Repliken von 1934, sind ein hervorragendes Beispiel für den Gongen-Architekturstil der frühen Edo-Zeit. Die Farben Rot und Gold und die zahlreichen buddhistischen Motive erinnern an einen chinesischen Tempel. In ungeraden Jahren an einem Wochenende Mitte  Mai ist hier Schauplatz des Kanda-Matsuri, des zweitgrößten Schreinfestes in Tokio, mit Trageschrein-

Prozessionen und klassischen Tanzvorführungen. *2-16-2 Soto-Kanda | Chiyoda-ku | www.kandamyoujin.or.jp/english/top.html | U-Bahn (M 20) Ochanomizu*

KOISHIKAWA KÔRAKUEN [126 A3]

Chinesische und japanische Gartenkunst und Landschaftsmotive fließen hier ineinander. Kein Wunder: Der Kôrakuen ist ein Gemeinschaftswerk des dritten Tokugawa-Shōguns Mitsukuni und des chinesischen Gelehrten Zhu Shunshui. 1629 hatte Tokugawa Yorifusa, Neffe und Stellvertreter des zweiten Shōguns, das Projekt begonnen, 30 Jahre später wurde es vollendet. Der Weg durch den

> BÜCHER & FILME
Geheimdienste, Gräueltaten, Großstadtdschungel

> **Die rote Bande von Asakusa** – Literaturnobelpreisträger Yasunari Kawabata versetzt uns in seinem historischen Roman ins Tokio der 1930er-Jahre.

> **Tokyo Tango** – Ein lebendiges Japankaleidoskop: persönliche Beobachtungen aus den 1990er-Jahren von Uwe Schmitt, Exkorrespondent der Frankfurter Allgemeinen.

> **Tokio** – Der spannende Krimi von Mo Hayder (2005 aus dem Englischen übersetzt) hat zwei Erzählebenen: Nanking in China 1937 und die Gräueltaten der japanischen Armee sowie das damit verwobene Tokio-Abenteuer der englischen Studentin Grey, die als Bar-Hostess ihren Lebensunterhalt verdient.

> **Du lebst nur zweimal** – James Bond reitet den Tiger (1967). Sean Connery trifft in Tokio nicht nur auf exotische Schönheiten, sondern auch auf den Geheimdienstchef „Tiger" Tanaka. Das internationale Kinodebüt der japanischen Metropole.

> **Tokyo ga** – Tokio-Essay von Wim Wenders und Hommage an den von ihm verehrten japanischen Regisseur Yasujiro Ozu (1985).

> **Lost in Translation** – Zwei einsame Amerikaner treffen sich in Tokio: Seit dem oscargekrönten Film von Sofia Coppola (2003) ist Shibuya-Crossing die am meisten fotografierte und gefilmte Kreuzung der Welt.

> **Kirschblüten – Hanami** – In Doris Dörries Filmdrama (2008) trauert Elmar Wepper in Tokio um seine plötzlich verstorbene Frau (Hannelore Elsner), deren Sehnsüchte um Butoh-Tanz und Fuji-Berg kreisen.

Garten ist eine Phantasiereise zu den landschaftlichen Schönheiten Chinas und Japans. Den Berg Lushan, den Damm im Westsee bei Hangzhou, die Hügel von Arashiyama und Hōraijima, die legendäre Insel der Unsterblichen – all das und mehr symbolisieren die Brücken, Teiche, Flüsschen, Steine und Laternen. Weitere Attrak-

die Großhalle Tokyo Dome liebevoll genannt wird. Sie ist nicht nur Heimat der beliebtesten Baseballmannschaft Japans, der Yomiuri Giants, sondern auch Schauplatz unterschiedlichster Veranstaltungen: vom Popkonzert bis zu Aufnahmeprüfungen großer Universitäten. *Tgl. 9–17 Uhr, 29. Dez. bis 3. Jan. geschl. | Eintritt 300 Yen | 1-6-*

Museum of Contemporary Art Tokyo: Fundgrube für Freunde zeitgenössischer Kunst

tionen sind die Kirschblüte im April, die Glyzinenblüte im Mai, die Azaleenblüte im April und Mai, die Irisblüte im Juni und die Laubfärbung im Herbst – der 7000 m² große Garten ist eine wahre Augenweide.

Zusätzlich entstanden auf einer Fläche von 18000 m² ein Vergnügungspark, ein Schwimmbad, eine Eisbahn, ein Kino und eine Bowlinghalle, vor allem aber das Big Egg, wie

6 Kōraku | Bunkyō-ku | U-Bahn (E 06) Iidabashi

MUSEUM OF CONTEMPORARY ART TOKYO [133 E2–3]

Das städtische Museum ist als Zentrum der Gegenwartskunst konzipiert. Rund 3500 Arbeiten werden alternierend gezeigt, dazu kommen Wanderausstellungen. Vom Bahnhof ist ein 15-minütiger Fußmarsch nötig.

Doch die Mühe lohnt sich. *Di–So 10–18 Uhr, Fr 10–20 Uhr | Eintritt 500 Yen | 4-1-1 Miyoshi | Kōtō-ku | www.mot-art-museum.jp/eng | U-Bahn (S 12) Kikukawa, (T 13) Kiba*

Ausdruck japanischer Imitierfreude: Tokyo Tower, Nachbau des Eiffelturms

RIKUGIEN [133 E2]

Die Mächtigen der Edo-Zeit suchten in diesem Garten Erholung und Entspannung. Sein Erbauer, Yoshiyasu Yanagisawa, ein einflussreicher Feudalherr und Vertrauter des Shōguns Tsunayoshi Tokugawa, hat 88 Landschaften aus der japanischen und chinesischen Literatur nachempfunden. Auf einem Spaziergang durch die fast 9000 m² große Anlage kann man die Phantasie schweifen lassen. Dann wird aus dem Teich ein Meer, aus dem Hügelchen ein Berg und aus dem Bächlein ein Fluss. Zu Beginn der Meiji-Zeit erwarb die Gründerfamilie des Mitsubishi-Konzerns angrenzendes Land samt Garten, schenkte ihn aber 1934 der Stadt. Besonderheiten sind die vielen Vögel, vor allem im Winter (Wildenten und Reiher), sowie die Aprikosenblüte Ende Februar oder Anfang März. *Tgl. 9–17 Uhr | Eintritt 300 Yen | 6-16-3 Honkomagome | Bunkyō-ku | S-Bahn (Yamanote) Komagome*

SENGAKUJI [129 E–F6]

Kaum eine Geschichte ist in Japan so bekannt wie die der 47 Ronin. Sie ist immer wiederkehrendes Thema von Puppenspielen, Kabukitheaterstücken, Fernsehspielen und Filmen. Im Jahr 1701 zieht Fürst Asano, provoziert vom Höfling Kira, in der Burg von Edo sein Schwert. Ein Vergehen, das er mit dem Leben bezahlen muss. Seine Gefolgsleute werden zu herrenlosen Samurai, zu Ronin. 47 dieser Getreuen beschließen, ihren Herrn zu rächen. Fast zwei Jahre später stürmen sie Kiras Wohnsitz, töten ihn und tragen sein abgeschlagenes Haupt im Triumph zu Asanos Grabstätte. Seine Ehre ist wiederhergestellt. Aber die 47 Ronin werden zum Tode verurteilt.

Im buddhistischen Sengakuji sind Herr und Gefolge Seite an Seite bestattet. Auf dem Tempelgelände steht noch der Brunnen, an dem die Ronin Kiras Haupt wuschen, bevor sie es ihrem Herrn präsentierten. Architektonisch reizvoll ist vor allem das zweistöckige Haupteingangstor aus dem Jahr 1836. *Tgl. 7–18 Uhr | 2-11-1 Takanawa | Minato-ku | U-Bahn (A 07) Sengakuji*

SUNSHINE CITY ✿ [133 E2]

Der Gebäudekomplex, zu dem ein 240 m hoher Wolkenkratzer gehört, beherbergt ein Hotel, ein Kaufhaus, Büros, Ausstellungsräume und einen Theatersaal, dazu ein Aquarium und ein Museum für orientalische Kunst. Hauptattraktion ist allerdings der tolle Blick vom obersten Stockwerk auf Tokio. *Aussichtsplattform tgl. 10 bis 21.30 Uhr | Eintritt 620 Yen | 3-1-1, Higashi-Ikebukuro | Toshima-ku | S-Bahn (Yamanote) Ikebukuro*

Gleich nebenan hat Japans Autohersteller Nummer eins seinen Edelshowroom Toyota Amlux eröffnet – eine Offenbarung in Sachen elegante und reizende Kundenverführung. *Di–Sa 11–20 Uhr, So und feiertags 10–19.30 Uhr | www.amlux.jp/eng lish/floorguide/index.html*

TOKYO TOWER ✿ [130 A4]

Der 1958 fertiggestellte Eiffelturm-Nachbau ist wohl das offensichtlichste Beispiel für die Imitierfreude der Japaner. Das Stahlgerüst ist freilich mit 333 m nicht nur höher als sein Pariser Vorbild, sondern auch um einiges leichter. 2002 wurde der Tokyo Tower renoviert – mit vollständig verglaster Aussichtsplattform (250 m). Besonders beeindruckend ist das Lichtermeer nach Sonnenunter-

gang. 2012 soll der Nachfolger fertig sein: Tokyo Sky Tree im Stadtteil Sumida, mit geplanten 634 m dann der höchste Fernsehturm der Welt (*www.tokyo-skytree.jp/english/*). *Tgl. 10–22 Uhr | Eintritt 820 Yen für die untere, 1420 Yen für die obere Aussichtsplattform | 4-2-8 Shibakōen | Minato-ku | www.tokyotower.co.jp/*

english/ | U-Bahn (E 21) Akabane-bashi, (I 06) Onarimon

YASUKUNI-SCHREIN (YASUKUNI-JINJA) [125 F5]

Als der Meiji-Kaiser 1879 dem „Schrein des friedlichen Landes" seinen Namen gab, ahnte er sicherlich nicht, welch unrühmliche Rolle das „friedliche Land" rund sechs Jahrzehnte später einmal spielen würde. Friede und soziale Sicherheit – so seine Vorstellung – verdanke das Kaiserreich all jenen, die im Dienste des Kaisers ihr Leben lassen. Ihre Seelen sollten im Yasukuni-jinja verehrt werden. Nur wenige Jahre vorher war der Shintoismus im Zuge einer politischen wie ideologischen Auf-

wertung des Kaiserhauses zur Staatsreligion erklärt worden. Der Staatskult, der den Tennō als direkten Nachkommen der Sonnengöttin Amaterasu zum Gott erhob, wurde nach dem Ersten Weltkrieg von den Expansionspolitikern und Militärs für ihre Zwecke verwendet: Die Japaner seien von den Göttern auserwählt, die Welt zu beherrschen. Der Staats-Shintoismus konzentrierte sich damals auf den südlich von Nagoya gelegenen Großen Schrein von Ise – Wohnsitz der Sonnengöttin –, auf den Meiji-Schrein und eben auf den Yasukuni-Schrein für die im Krieg Gefallenen.

Alljährlich am 15. August, dem Kapitulationstag, bietet sich ein skur-

> RIESEN GEGEN SCHWALBEN
Zwei Baseballclubs im Glaubenskrieg

Keine Frage: Baseball ist Sportart Nummer eins in Japan, und das erfolgreichste Team aller Zeiten kommt aus Tokio – die Yomiuri Giants. Die „Riesen", vom Medienkonzern Yomiuri 1934 gegründet, sind so eine Art Bayern München des Nippon-Baseball. Sie spalten das Lager der Fans, in Tokio wie im ganzen Land, in zwei Lager: in die Pro-Giants und die Anti-Giants. Der Glaubenskrieg tobt seit Jahrzehnten. Oberwasser haben häufig die Giants-Fans. Denn die Millionen-Investitionen in Spielerstars jede Saison zahlen sich immer wieder aus. Wer die Giants verachtet, besucht natürlich keines ihrer Heimspiele im oft ausverkauften *Tokyo Dome (Eintritt: 1000 Yen – für Stehplätze – bis 5900 Yen* | [130 A3] *1-3-61 Kōraku* | *Bunkyō-ku* | *Tel. 5800999* | *www.tokyo-dome.co.jp/e/*

dome/ | *S-Bahn (Chūō- oder Sōbu-Linie) Suidōbashi).* Tickets gibt es an den TD-Schaltern, in den Lawson-24-Stundenläden und, mit japanischer Hilfe, auch übers Internet unter *www.tokyo-dome. co.jp/*. Die Liveübertragungen im Fernsehen (natürlich im Yomiuri-Sender) verpasst kaum ein Tokioter Baseballfan. Die Yakult Swallows („Schwalben") sind Profiteam Nummer zwei in Tokio. Die sympathischen „Underdogs" verpassen den „Riesen" ab und zu eine Niederlage. Tickets gibt es fast immer noch kurz vor dem ersten Ballwurf – meist um 18 Uhr – am Schalter des Stadions. Alle „Riesen-Verächter" pilgern ins heimelige *Meiji Jingū Stadium (Eintritt: 1500–4500 Yen* | [128 C2] *13 Kasumigaoka* | *Shinjuku-ku* | *Tel. 34 04 89 99* | *U-Bahn (G 03) Gaienmae).*

riles Schauspiel: Japanische Ultranationalisten, viele in alter Uniform, pilgern zum Schrein, um für die Kriegstoten zu beten. Auch Regierungsmitglieder sind darunter, obwohl die japanische Nachkriegsverfassung eine Trennung von Staat und Religion vorsieht. Der Schreinbesuch der Minister und Parlamentsabgeordneten wird durch eine Entscheidung vom Jahr 1978 immer wieder zur Weltnachricht, denn seither stehen auch die Namen der von den Alliierten als Hauptkriegsverbrecher Hingerichteten im Totenverzeichnis des Schreins, darunter Kriegspremier General Tōjō. Bei den ostasiatischen Nachbarländern, die unter der Besatzungsmacht Japan schrecklich zu leiden hatten, steigerte diese Entscheidung nicht nur die Angst vor einem Wiedererstarken des japanischen Militarismus. Vielmehr gelten die Schreinbesuche der Politiker weltweit als Indiz für die Unwilligkeit der Japaner, ihre Vergangenheit zu bewältigen.

Die Schreinanlage selbst bestätigt diesen Eindruck: Das martialische Stahl-*torii* mit den Steinhunden als Wächter am Aufgang wirkt eher bedrohlich als friedlich. Zwar waltet am Schreingebäude selbst eine gewisse Ruhe und elegante Zurückhaltung; zahlreiche Kirschbäume, die im April ihre Blütenpracht entfalten, die Noh-Bühne, Schauplatz beim Schreinfest im April, und die weißen Tauben – genau 850 sollen es sein – beruhigen Auge und Geist. Nur einige Schritte weiter jedoch drohen Panzer und Flugzeugabwehrkanonen, Nachbildungen von Kriegsgerät, das Nippons Armee im Zweiten Weltkrieg so verheerend einsetzte. Ein angeschlos-

Bedrohlich: Nachbildung einer Kanone am umstrittenen Yasukuni-Schrein

senes Militärmuseum (Yūshūkan) zeichnet die Kriegsgeschichte nach. Über Japans Kriegsgräuel – das Massaker von Nanking, den Todesmarsch von Bathaan oder auch die grausamen Menschenversuche der Einheit 731 – erfährt man hier allerdings nichts. *Tgl. 5.30–18 Uhr | 3-1-1 Kudanshitakita | Chiyoda-ku | U-Bahn (S 05, Z 06, T 07) Kudanshita*

YUSHIMA-TENJIN [126 C3]

Keinen Schrein kennen Tokios verzweifelte Eltern besser als diesen: In der Edo-Zeit eilte man hierher, um Suchmeldungen nach verloren gegangenen Sprösslingen aufzugeben. Heute betet man hier nach Kräften, der

Nachwuchs möge doch die Aufnahmeprüfung an einer der karriereverheißenden Erziehungsinstitutionen bestehen, sei es ein prestigeträchtiger Kindergarten oder die Nobeluniversität Tōdai. Die Gestelle, an denen die Votivtafeln hängen, drohen unter der Last der Wünsche zusammenzubrechen, denn im Yushimatenjin wird der Gott des Lernens verehrt.

Der Schrein liegt auf einer Anhöhe. Früher einmal konnte man von hier aufs Meer blicken, heute umzingeln Betonklötze die heilige Stätte. Sie haben die Wahl zwischen einem steilen Anstieg – eigentlich dem männlichen Geschlecht vorbehalten – und einer sanften Treppenversion. Achtung: Zur Pflaumenblütezeit im Februar herrscht auf beiden Routen Gedränge. *Tgl. 6–20 Uhr | 3-30-1 Yushima | Bunkyō-ku | U-Bahn (M 20) Ochanomizu*

ZŌJŌJI   [130 A4]

Der einstige Familientempel der Tokugawa-Shōgune spiegelt nichts von deren verflossener Macht wider. Nirgendwo sonst lässt sich jedoch der Einfluss der politischen und sozialen Veränderungen seit der Meiji-Zeit auf das Stadtbild so gut nachvollziehen. Mit 48 angegliederten Tempel- und rund 150 Schulgebäuden war der Zōjōji zwischen 1598 und 1868 das administrative und geistige Zentrum der buddhistischen Schulrichtung des *Jōdō*, des „reinen Landes", in der der Erlöserbuddha Amitabha (japanisch: Amida) verehrt wird. Rund 3000 Novizen aus den 6000 Jōdō-Tempeln in ganz Japan bereiteten sich hier auf ihre Priesterweihe vor. Der Sturz der Tokugawa zog die Enteignung des Tempels nach sich. Sehenswert sind nach wie vor das „Tor der dreifachen Erlösung", Sanmon, und die 15 t schwere Bronzeglocke, die größte in Ostjapan.

Dem Besuch vorausgehen könnte ein kleiner Spaziergang von der U-Bahnstation Onarimon zum Zōjōji und weiter zum Shibakōen-Bahnhof: So verschafft man sich einen Überblick über die ehemaligen Ausmaße

> RICHTIG FIT

Joggen im Dunstkreis des Kaisers

Die Runde um den Kaiserpalast, gut 5 km lang, ist zwar nicht die schönste, aber mit Abstand die populärste Joggingstrecke Tokios. Am Wochenende versammeln sich am Sakuradamon [130 B1] Freizeitsportler und Laufzirkel, aber auch Uni- und Firmenclubs, die um die Wette rennen. Alle Altersgruppen sind vertreten. An Werktagen schnaufen vor allem Ministerialbeamte und Angestellte in ihrer Mittagspause um den Palast. Sonntagvormittags läuft sich's am besten, dann ist der Autoverkehr rechts der Rennstrecke nicht ganz so stark. Gelaufen wird immer gegen den Uhrzeigersinn. Warum, weiß eigentlich niemand so recht. Wer nach mehr Jogging-Infos über Tokio lechzt, der sollte die Homepage der „Namban Rengo", des Clubs der „Barbarischen Horden", ansteuern: *www.namban.org.*

des Tempelbezirks und einen Eindruck von den Veränderungen. Entlang der Straße und etwas versteckt auf einem Parkplatz verlieren sich ein paar Tempeltore: das Onarimon, einst der Privateingang der mächtigen Shōgune; das Grabtor für den siebten

Macht auf jenem Areal konzentriert war, ehe hier unter anderem der Tokyo Tower, das Prince Hotel und ein Golf-Abschlagplatz entstanden.

In der Silvesternacht strahlt der Zōjōji für kurze Zeit jedoch wieder seine alte Anziehungskraft aus: Tau-

Buddhistisches Ritual am Zōjōji: Hier wurden einst Novizen zur Priesterweihe vorbereitet

Shōgun neben dem Prince-Hotel-Parkplatz; jenseits des Sanmon das „Schwarze Tor", Kuromon, und das Eingangstor zum ehemaligen Mausoleum des zweiten Tokugawa-Shōguns – ramponiert, vergessen und deplatziert wirken sie in ihrer neuen, weltlichen Umgebung, ebenso wie der Nachbau des einst so prunkvollen Haupttors (Daimon) des Zōjōji auf dem Weg zum Bahnhof Hamamatsuchō. Doch gleichzeitig lassen sie den Besucher ahnen, welch religiöse

sende von Tokiotern wollen dabei sein, wenn die große Bronzeglocke beim *Joyano-kane* genau 108-mal geschlagen wird. Andrang herrscht auch am Setsubun, einem Fest, mit dem am 3. oder 4. Februar das Ende des Winters gefeiert wird: Zum Ruf *„Oni wa soto – fuku wa uchi!"* („Geister raus, Glück ins Haus!") wirft man Bohnen in die Luft, um alles Böse zu vertreiben. *Tgl. 9–17 Uhr | 4-7-35 Shibakōen | Minato-ku | U-Bahn (I 06) Onarimon*

> SUSHI UND VIELES MEHR

Es muss nicht roher Fisch sein:
Tokios Küche hat viel Köstliches zu bieten

> **Was allen, die in Tokio leben, schon lange klar war, hat jetzt endlich auch der Michelin „offiziell" bestätigt. Tokio ist die Gourmet-Metropole der Welt!**

Doch – halt! Es soll doch alles sündhaft teuer sein. Machen Sie sich auf eine freudige Überraschung gefasst! Tokios Restaurants bieten ein äußerst breites Spektrum, sowohl preislich wie geschmacklich, denn natürlich gibt es nicht nur japanische Küche. Die aber sollten Sie als Erstes kennenlernen, nachdem Sie ein wenig den Umgang mit Essstäbchen geübt haben. Die Hürden beim Bestellen sind dafür niedriger als vielleicht gedacht: Vor vielen Restaurants stehen Vitrinen mit Plastiknachbildungen des Angebots; Speisekarten mit Fotos oder englischer Beschriftung sind recht verbreitet. Und schließlich kann man ja noch auf Nachbars Teller weisen, wenn dessen Auswahl einem behagt.

Bild: Zubereitung von Tempura

ESSEN & TRINKEN

Ein Kinderspiel ist der kulinarische Einstieg für Nudelfans. Zur Wahl stehen chinesische Nudeln *(rāmen)* und japanische aus Buchweizen *(soba)* oder Weizenmehl *(udon)* – in den unterschiedlichsten Zubereitungsarten. Dabei gilt: Schlürfen ist gestattet.

Schritt Nummer zwei führt in eine japanische Kneipe, wo es zu Sake, Bier oder Whisky allerlei Leckereien gibt. Am Spieß Gebratenes und vieles

mehr bekommt man in *Yakitoriya-, Izakaya-* und *Robatayaki*-Lokalen, erkennbar oft an einer roten Laterne am Eingang. Auch Kneipen sind allerdings nicht billig!

Yakitoriya sind in der Regel winzige Etablissements, in denen man an der Theke, bisweilen auch noch an drei, vier Tischen, Hühnerfleisch und Geflügelinnereien am Minispieß serviert bekommt. Dazu gibt's – je nach Art des Hauses – gebratene Fischchen, Gemüse oder manchmal auch Salat. Oft ist das Angebot hinter Glas an der Theke aufgebaut, Sie können also per Fingerzeig bestellen.

Izakaya heißen die großen Schwestern der Yakitoriya. Der Speisezettel ist zwar weitgehend identisch, die Auswahl an Fisch, Fleisch, Gemüse etc. jedoch größer, genauso wie die

toire, fällt jedoch meist etwas raffinierter und entsprechend teurer aus. Das Gewünschte wird auf riesigen hölzernen Kellen serviert.

Schritt Nummer drei ist *Tempura*: Fischiges und Pflanzliches, in einem zarten Teigmantel frittiert. Die Portugiesen sollen die Japaner auf diesen Geschmack gebracht haben. Ebenso

Speisekarte mit japanischen Schriftzeichen: sieht schön aus, aber was steht drauf?

Räumlichkeiten. Statt an der Theke nimmt man an Tischen Platz. Es herrscht eine phonstarke Bierzeltatmosphäre.

In den *Robatayaki* gruppiert sich die Kundschaft oft – nicht immer – um eine ausladende, ovale Theke, hinter der gebrutzelt und geschnetzelt wird. Das Angebot wird vor den Gästen sichtbar ausgelegt und ähnelt dem Yakitoriya- und Izakaya-Reper-

ausländerfreundlich sind die Rindfleischgerichte *Sukiyaki* und *Shabushabu,* eine Art Fondue, oder *Teppanyaki,* dünne Rind- oder Schweinefleischscheiben mit Gemüse von der Herdplatte. Alle drei Speisen werden am Tisch zubereitet und sind erst seit hundert Jahren in Japan bekannt. Fleischverzehr – Geflügel und Wild ausgenommen – war aus religiösen Gründen verpönt. Erst als der Meiji-

Kaiser zum Beweis der Öffnung gen Westen ein Steak hinuntergewürgt hatte, versuchten sich auch die Untertanen an dieser fremdländischen Nahrung. Heute verfügt Japan über eine eigenständige Steakkultur: Kōbe- und auch Matsusakaya-Beef sind ein teurer Spaß! Die Rinder werden mit Bier gemästet und ihr Fleisch mit Massagen zart gehalten.

Als Schritt Nummer vier empfiehlt sich – schon ein wenig exotischer – ein Aal *(Unagi),* der mit einer süßlichen, sirupartigen Soße überzogen auf den Tisch kommt. Vor allem im heißesten Sommer müsse man ihn essen, sagen die Japaner, das bringe die Lebensgeister wieder auf Trab.

Kaiseki-ryōri könnte der fünfte Schritt sein, leider nur hat dieser höchste aller Genüsse der japanischen Gastronomie einen exorbitanten Preis. Diese Folge von Kleinst-

menüs, von winzigen Appetithäppchen – kunstvoll angerichtet auf farblich abgestimmtem Lackgeschirr – ist aus der Teezeremonie hervorgegangen, ein Augenschmaus voller Esoterik und jahreszeitlicher Bezüge. Einmal, zur preiswerteren Mittagszeit vielleicht, sollten Sie sich diesen Luxus gönnen. Was Sie sich schon immer unter japanischer Ästhetik vorgestellt haben: Hier wird es Ihnen – samt entsprechendem Ambiente – in Vollendung geboten.

Nun ist es Zeit für die letzte Etappe, für die Einkehr in eine *Sushi-ya.* Setzen Sie sich unbedingt an die Theke, dahin gehört der Sushi-Gourmet, und außerdem lässt sich dort ohne Schwierigkeiten per Fingerzeig bestellen. Schon so mancher hat seine Vorbehalte gegen rohen Fisch überwunden, wenn er sich die Schätze des Meeres auf der Zunge zergehen

MARCO POLO HIGHLIGHTS

★ **Nambantei**
Fleischspieße aller Art (Seite 63)

★ **Hassan**
Shabu-shabu, so viel Sie essen können (Seite 64)

★ **Daibutsu Korokoro**
Kreative Gerichte in eigenwilligem Ambiente (Seite 66)

★ **Edogin**
Superfrischer Fisch in einer Sushi-Institution (Seite 66)

★ **Ichinotani**
Sumo-Kost aus Expertenhand (Seite 66)

★ **Paradise Macao**
Asia-Fusion-Küche in entspannter Atmosphäre (Seite 67)

★ **Tentake**
Preiswertes Fugu-Restaurant mit Tradition (Seite 68)

★ **Maisen**
Wiener Schnitzel auf Japanisch (Seite 70)

★ **Tsunahachi**
Zum Mittagessen: Tempura preiswert (Seite 71)

★ **Yabu-soba**
Nudelspezialitäten in klassischem Ambiente (Seite 71)

ließ. Sushi bedeutet schlichtweg „gesäuerter Reis", zur Delikatesse werden die Reisbällchen aber durch den Belag: vom rosaroten Thunfisch (Anfängern sei er ans Herz gelegt) bis hin zum alabasterfarbenen Tintenfisch – nichts wird Sie an das erinnern, was man gemeinhin als Fischgeschmack bezeichnet. Wollen Sie die Scheibchen pur, dann verlangen Sie *sashimi* – die Krönung der japanischen Küche!

Doch halt! Kein Ausländer, der noch nichts vom *fugu*, dem Kugelfisch mit seiner tödlich giftigen Leber, gehört hätte. Hier scheiden sich die Geister: delikat, meinen die einen, vernachlässigbar, die anderen. Unbestritten ist der Nervenkitzel. Denn dem Fugu-Koch könnte ja trotz seiner langjährigen Ausbildung einmal ein kleiner Fehler … Fugu-Saison ist von Oktober bis März.

Ein Wort noch zu den Getränken: Anspruchsvolle Weintrinker kommen höchstens in westlichen Edellokalen auf ihre – dann imposanten – Kosten. Zu japanischem Essen passt Bier oder Sake ohnehin viel besser. Nicht übel sind auch Longdrink-Mixturen auf *shōchū-* (Schnaps)Basis – in Maßen genossen!

In vielen Restaurants schließt die Küche abends schon gegen 22 Uhr.

> GOURMETTEMPEL
Gehobene Esskultur in würdevoller Ruhe

KINSUI [125 D2]

Kaum ein traditionelles Restaurant in Tokio liegt schöner. Inmitten des Chinzan-sō-Gartens strahlt das Kinsui jene würdevolle Ruhe aus, die in Japan zur gehobenen Esskultur gehört. Veranstaltet wird ein Fest für alle Sinne. Das vom Chef empfohlene Kaiseki-Menü kostet mittags ab ca. 140 Euro, am Abend ab ca. 165 Euro zuzüglich Bedienung und Steuer. Für extra angemietete Zimmer (fast alle mit bezauberndem Gartenblick) müssen Sie mit einem Aufpreis von mindestens 143 Euro rechnen. Reservierung ist auf jeden Fall notwendig. *2-10-8 Sekiguchi | Bunkyō-ku | Tel. 39 43 54 89 | www.chinzanso.com/english/ | U-Bahn (Y 12) Edogawabashi*

NOBU TOKYO [129 F3]

Nobu Matsuhisa gilt als einer der kreativsten japanischen Köche. Mit Restaurantablegern in New York (Robert De Niro ist Miteigner) und London ist er auch der bekannteste Koch Japans. Am besten bestellen Sie ein Omakase-Menü (Empfehlung des Chefs). Ab ca. 40 Euro. Am Abend ca. 110 bis 220 Euro. *Direkt neben dem Hotel Okura, 1F Toranomon Tower Office | 4-1-28 Toranomon | Minato-ku | Tel. 57 33 00 70 | www.nobutokyo.com/e_index.php | U-Bahn (H 05) Kamiyachō*

SUKIBAYASHI JIRO GINZA [130 C2]

Drei-Sterne-Sushi nach Michelin. Die saisonal abgestimmten Köstlichkeiten von Altmeister Jiro Ono und seinem Sohn haben ihren Preis: rund 220 Euro. Außerdem: Man muss Japanisch können oder einen Japaner mitnehmen. Der sollte auch reservieren! *B1F Tsukamoto Sogyo Bldg. | 4-2-15 Ginza | Chuo-ku | Tel. 35 35 36 00 | U-Bahn (M 16, H 08, G 09) Ginza*

ESSEN & TRINKEN

Beachtliche Kaffeehauskultur: Im Land des grünen Tees gibt es Cafés an jeder Ecke

Kneipen sind gewöhnlich nur am Abend geöffnet. Und während der „Goldenen Woche" (29. April bis 5. Mai) sowie in den ersten Neujahrstagen machen viele Lokale ihre Betriebsferien.

■ CAFÉS

Im Land des grünen Tees existiert eine beachtliche Kaffeehauskultur. Hier einige Cafés mit dem gewissen Extra. Alle sind vom späten Vormittag bis zum späten Abend geöffnet.

ANNIVERSAIRE CAFÉ [128 C3]
Straßencafé mit Stil. Selbst im Winter kann man draußen sitzen – unter Heizschirmen. *3-5-30 Kita-Aoyama | Minato-ku | U-Bahn (G 02, C 03) Omotesandō*

AUX BACCANALES [129 F3]
Die Aux-Baccanales-Niederlassungen haben Pariser Flair. Die neueste, am Hotel New Otani, ist eine Mischung aus Café, Bäckerei und Brasserie. Was man in der Bäckerei kauft, darf im Café verzehrt werden. [129 E1] *4-1 Kioicho | Chiyoda-ku | U-Bahn (G 05, M 13) Akasaka-mitsuke.* Ebenfalls beliebt ist die Filiale gegenüber der Suntory Hall im Ark-Hills-Komplex. *So geschl. | Ark Mori Bldg. 2F | 1-12-32 Akasaka | Minato-ku | U-Bahn (N 06, G 06) Tameike-sannō*

@HOME CAFÉ [126 C4]
Die „Maid Cafés" in Akihabara sind aus der Anime/Cosplay-Szene hervorgegangen und mittlerweile Kult. Einige der als Dienstmädchen verkleideten Kellnerinnen sprechen auch Englisch. *4F Mitsuwa Bldg. | 1-11-4 Sotokanda | Chiyoda-ku | S-Bahn (Sobu), U-Bahn (H 15) Akihabara*

NEW ŌTANI GARDEN LOUNGE 🔊 [129 E1]
Mit rund 11 Euro schlägt das Kännchen Kaffee zu Buche, doch der Blick

auf den 400 Jahre alten Garten – einen der schönsten in Tokio – mag das wert sein. Durch das Kleinod spazieren darf auch, wer nicht im Hotel wohnt. Besonders lohnend ist der Besuch zur Azaleenblüte im Mai. *Öffnet um 7 Uhr | 4-1 Kioichō | Chiyoda-ku | U-Bahn (M 13, G 05) Akasaka-mitsuke*

RESPEKT CAFÉ ▶▶ 📶 [128 B4]

Schicker Hybrid zwischen Café und Designerbistro, bis 2 Uhr nachts geöffnet. *2F | 1-11-1 Shibuya | Shibuya-ku | U-Bahn (G 01, Z 01, F 16), S-Bahn (Yamanote) Shibuya*

■ KNEIPEN

Yakitoriya, Izakaya und ähnliche Kneipen gibt es in Tokio überall. Hier sind nur Lokale vorgestellt, die etwas Besonderes zu bieten haben.

BORUGA [124 A5]

Der appetitliche Duft nach Gebratenem ist ein untrüglicher Wegweiser in dieses gemütliche Restaurant. Es verströmt so etwas wie ländliche Atmosphäre im Schatten des Wolkenkratzerwaldes von Shinjuku. *So und feiertags geschl. | 1-4-18 Nishi-Shinjuku | Shinjuku-ku | Tel. 33 42 49 96 | U-Bahn (E 01), S-Bahn (Yamanote) Shinjuku | €*

CHICHIBU NISHIKI [130 C2]

Allerlei Antiquitäten in traditionellem Ambiente tragen zu einer angenehm gelösten Stimmung in dieser Kneipe bei. Spezialität des Hauses ist der Sake aus Chichibu. Er schmeckt besonders gut. *Sa, So, feiertags geschl. | 2-13-14 Ginza | Chūō-ku | Tel. 35 41 47 76 | U-Bahn (G 09) Ginza | €*

GANCHAN [129 E4]

In der Kneipe sitzt man so eng wie in einer Sardinendose, die Wände sind gespickt mit alten Speise- und Ansichtskarten, mit Masken und Papierdrachen. Alles ist verraucht und voll

Nambantei: In der beliebten Kneipe gibt's an der Theke Fleischspieße zu Sake oder Bier

fröhlichen Lärms – eine typische Yakitori-Stube eben. *Tgl. | Okaue Bldg. 1 F | 6-8-23 Roppongi | Minato-ku | Tel. 34 78 00 92 | U-Bahn (H 04, E 23) Roppongi | €*

HAMANOYA [129 D4]

Nicht gerade billig, aber sehr gut lässt sich's hier speisen. Zu den Stammkunden zählen die Priester aus dem nahe gelegenen Tempel. *So geschl. | 2-14-7 Nishi-Azabu | Minato-ku | Tel. 34 00 75 54 | U-Bahn (H 04, E 23) Roppongi | €€*

HANTEI [126 C1]

Schon wegen des traditionellen Holzhauses in der Nähe des Ueno-Parks lohnt sich der Besuch. Köstlich sind die *Kushiage*, eine frittierte Edelversion der Yakitori-Fleischspießchen, die aus Ōsaka stammt. *Mo geschl. | 2-12-15 Nezu | Bunkyō-ku | Tel. 38 28 14 40 | U-Bahn (C 14) Nezu | €€*

INAKAYA

Hier speisen die Gäste wie mitten auf dem Lande – oder doch zumindest so, wie es sich nostalgische Großstädter erträumen. In beiden Filialen des Inakaya wird gleichermaßen ein gekonnt inszeniertes Essspektakel mit viel Folklore und Stimmaufwand aufgeboten. Die Mahlzeit wird so wirklich zum unvergesslichen Erlebnis – ebenso wie leider auch die ziemlich üppige Rechnung. *Tgl. | [129 E3] | Yamachi Bldg. | 4-10-11 Roppongi | Minato-ku | Tel. 34 05 98 66 | U-Bahn (H 04, E 23) Roppongi; tgl. [129 E3] | 5-3-4 Roppongi | Minato-ku | Tel. 34 08 50 40 | U-Bahn (H 04, E 23) Roppongi | €€*

ISEHIRO [130 C1]

Ein Restaurant mit Tradition. Als Spezialität wird Biss für Biss ein gesamtes Federvieh serviert. Am Abend kostet der Spaß ab 48 Euro pro Person. *So und feiertags geschl. | 1-5-4 Kyōbashi | Chūō-ku | Tel. 32 81 58 64 | U-Bahn (G 10) Kyōbashi | €€– €€€*

KUSHIWAKAMARU [128 B6]

So muss eine Yakitori-Kneipe sein: spartanisch eingerichtet, aber gemütlich. Immer voll und alle Spieße einfach lecker. Hier sind die Portionen besonders üppig. Deshalb sind Warteschlangen keine Seltenheit. *Tgl. | 1-19-2 Kami-Meguro | Meguro-Ku | Tel. 37 15 92 92 | S-Bahn (Tōyoko, ab Shibuya) Nakameguro | €*

NAMBANTEI ⭐ [129 E3]

Das Hauptgeschäft dieser Yakitori-Kette ist auch bei den ansässigen Ausländern sehr beliebt. Freundliches Personal. Teuer. *So geschl. | 4-5-6 Roppongi | Minato-ku | Tel. 34 02 06 06 | U-Bahn (H 04, E 23) Roppongi | €€– €€€*

TORIGIN [129 E3]

Dies ist das bekannteste unter den Lokalen der Torigin-Kette, in denen die Atmosphäre stets locker und entspannt ist. *Tgl. | Uchida Bldg. 101 | 4-12-6 Roppongi | Minato-ku | Tel. 34 03 58 29 | U-Bahn (H 04, E 23) Roppongi | €€*

TSUBOHACHI [125 E3]

Kleines und preiswertes Lokal – ein Magnet für Nachtschwärmer im Studentenalter. Man versteht ein wenig Englisch. *Tgl. 16–24 Uhr | Marble*

Akasaka Bldg. 3F | 3-9-5 Akasaka | Minatoku | Tel. 35 84 56 56 | U-Bahn (M 13, G 05) Akasaka-Mitsuke | €

■ RESTAURANTS €€€

HASSAN ★ [129 E3]

Kein Türke oder Araber, wie der – in Wahrheit japanische – Name glauben machen könnte, sondern ein besonderes Shabu-shabu-Restaurant: Sie können ab ca. 55 Euro verzehren, so viel Sie mögen. Kellnerinnen in Kimonos gehen bei der Zubereitung zur Hand. *Tgl. | B1 Denki Bldg. | 6-1-20 Roppongi | Minato-ku | Tel. 34 03 83 33 | U-Bahn (H 04, E 23) Roppongi*

> SPEZIALITÄTEN

Genießen Sie die typische Tokioter Küche!

Ba-sashi = ein Carpaccio aus Pferdefleisch

Chanko-nabe = ein herzhafter Fleisch-Gemüse-Eintopf, Leibspeise der Sumo-Ringer

Chirashi-zushi = Meeresfrüchte, Gemüse- und Omelettstreifen auf einer Schale mit gesäuertem Reis

Chūtoro, Ōtoro = die fettesten Teile aus dem Thunfischbauch; für Kenner sind sie das Nonplusultra

Ginnan = aufgespießte Ginkgonüsse. Passen ganz hervorragend zu Bier oder Sake

Hiya-yakko = gekühlter Tofu mit Sojasoße, frischen Kräutern und Bonito-Flocken, ideal an schwülen Sommertagen

Mochi = zähe Süßspeise aus gestampftem Reis, allgegenwärtig um Neujahr

Oden = klare Suppe mit Einlage: Gemüse, hart gekochte Eier, Tofu etc., ein Wintergericht

Okonomi-yaki = (in Tokio auch „Monja-yaki") eine Art Omelett aus Fleisch, Gemüse, Garnelen und Tintenfisch

Tempura-soba, Tempura-udon = Suppe aus Buchweizen- oder Weizenmehlnudeln, gekrönt mit frittierten Riesengarnelen

Tonkatsu = Schweineschnitzel mit einer herzhaften Soße

Tsukune = Hühnerhackfleischbällchen am Spieß. Problemloser Einstieg in die Yakitori-Kost!

Una-don = über Holzkohle gegrillte Aalfilets mit einer sämigen Soße aus Soja und süßem Sake, auf Reis serviert

Yakiimo = gebackene Süßkartoffeln. Wann immer eine Lautsprecherstimme = oft spät abends = *oishiiimoo* ruft: nichts wie hin! Beim fahrenden Händler schmecken die heißen Knollen am besten

Zaru-soba = kalte Soba-Nudeln, serviert auf einem Bambustablett. Man tunkt sie in eine mit Soja, grünem Meerrettich und Schnittlauch gewürzte Soße

NINJA [129 F1]

Ein geniales Themenrestaurant. Schon der Weg in die unterirdische Ninja-Welt – der Welt der Krieger- kaste im feudalen Japan – ist drama- tisch: Eine Zugbrücke senkt sich auf Ninja-Zuruf. Zum japanischen Essen – Originalkreationen des Restaurants – gibt es dann noch Ninja-Zauber- tricks. Ein unterhaltsamer Abend, der seinen Preis hat. Vorsicht: nichts für Klaustrophobiker. *Tgl. | 1F Akasaka Tōkyū Plaza | 2-14-3 Nagata-chō | Chiyoda-ku | Tel. 51 57 39 36 | U- Bahn (G 05, M 13) Akasaka-mitsuke*

SERYNA [129 E3]

Das Ishiyaki-Beef – es wird auf heißen Steinen gebraten – ist nur eine der vielen Spezialitäten dieses Nobel- lokals (drei Filialen). Auch Sukiyaki und Shabu-shabu sind beim in- und ausländischen Publikum sehr gefragt. *Tgl. | | 3-12-2 Roppongi | Minato-ku | Tel. 34 02 10 51 | U-Bahn (H 04, E 23) Roppongi*

TENICHI [130 C3]

Das Stammhaus der Tenichi-Kette mit seiner mehr als fünfzigjährigen Tradition serviert nach Kennermei- nung die besten Tempura der japani- schen Hauptstadt – allerdings auch zu entsprechenden Preisen. Tokios Pro- minenz ist hier gern zu Gast. *Tgl. | 6-6-5 Ginza | Chūō-ku | Tel. 35 71 19 49 | U-Bahn (G 09, M 16) Ginza*

TOFUYA UKAI [130 A4]

Ein kulinarisches Erlebnis ganz be- sonderer Art, das allerdings seinen Preis hat. Das Herzstück der Anlage ist eine fein polierte, 200 Jahre alte

Sakebrauerei samt Lagerhalle, in der in Kimono gekleidete Damen die Gäste höflichst in Empfang nehmen Drumherum ein wunderschöner Gar- ten samt Laternen und Karpfentei- chen, in dem sogar ein Wasserrad plätschert. Im Mittelpunkt der wohl- schmeckenden Speisen steht Tofu.

Kellnerin im Kimono: Esskultur auf traditionell japanische Art

Mehrgängige Menüs zur Auswahl. Reservierung empfohlen. *Tgl. | 4-4-13 Shiba-Koen | Minato-ku | Tel. 34 36 10 28 | U-Bahn (E 21) Akaba- nebashi*

TORANOMON AOYAGI [130 A3]

Chefkoch Hirohisa Koyama gilt als einer der Großmeister der traditionel- len japanischen Kaiseki-Küche. Die wichtigsten Zutaten für seine Menüs lässt er aus seiner Heimatpräfektur Tokushima importieren. Das Torano-mon Aoyagi ist auch ein beliebter Treffpunkt für Japans politische Führungsriege. Reservierung nötig. Keine Kartenzahlung. *So und feiertags geschl. | 1F Tokushima-ken Torano-mon Bldg. | 1-22-1 Toranomon | Minato-ku | Tel. 35 38 34 56 | U-Bahn (G 07) Toranomon*

UKAI TORIYAMA   [132 C3]

Ein romantisches Restaurantdorf mit kleinen Hütten am Rande von Tokio, unweit des Berges Takao-san gelegen. In einem in den Boden eingelassenen Herd werden über Holzkohle Gemüse und Fleisch gegrillt – ein echter Spaß, zumal die „Rohstoffe" auf Tabletts auf dem Wasserweg zu den Hütten schwimmen. *3426 Mina-mi-Asakawachō | Hachiōji | Tel. 0426/ 61 07 39 | Keiō-S-Bahn Takao, von dort kostenloser Zubringerbus*

■ RESTAURANTS €€ ■

ANGKOR WAT   [124 B6]

Die Räumlichkeiten dieses kambodschanischen Restaurants sind nicht optimal, was auf den Tisch kommt, schmeckt jedoch hervorragend – eine Mischung zwischen Chinesisch und Thailändisch. Immer voll. Ein Mittagsgedeck kostet nur um die 9 Euro. *Tgl. | 1-38-13 Yoyogi | Shibuya-ku | Tel. 33 70 30 19 | S-Bahn (Yamanote, Sōbu) Yoyogi*

DAIBUTSU KOROKORO   [128 B4]

Kreative Gerichte wie Frühlingsrollen aus rohem Thunfisch und Avocado (englisch beschriftete Speisekarte). Das Ambiente im „Großen Buddha" ist ein skurriler Mix aus Bambus-Irrgarten, Plüschsesseln und traditioneller Kneipe. *Tgl. | Chitose Kaikan B1 | 13-8 Udagawa-cho | Shibuya-ku | Tel. 54 28 02 30 | U-Bahn (Z 01, G 01), S-Bahn (Yamanote) Shibuya*

EDOGIN ⭐   [130 C3]

Nur wenig Reis, aber reichlich frischen Fisch – diese schlichte Formel hat die Reputation dieser Sushi-Institution, die in der Nähe des Fischmarktes liegt, begründet. Wenn Sie wagemutig und gut bei Kasse sind, sollten Sie nach den Spezialitäten des Tages fragen. *So geschl. | 4-5-1 Tsukiji | Chūō-ku | Tel. 35 43 44 01 | U-Bahn (H 10) Tsukiji*

GONPACHI   [129 D4]

In dieser neu erbauten Riesen-*Kura* (Schatz-/Lagerhaus) wird rustikale Tradition inszeniert – kulinarisch und atmosphärisch. Etwas künstlich, dennoch gelungen. MP Koizumi hat hier den ehemaligen US-Präsidenten George W. Bush mit Sushi bewirtet – im etwas eleganteren und teureren dritten Stock. *Tgl. | 1-13-11 Nishi-Azabu | Minato-ku | Tel. 57 71 01 80 | U-Bahn (H 04, E 23) Roppongi*

ICHINOTANI ⭐   [126 C4]

Chanko-nabe, ein delikater Eintopf mit Gemüse, Fleisch oder Fisch, gilt als das Leibgericht der Sumo-Ringer. Im Ichinotani ist es die Spezialität des Hauses: Der Wirt stand nämlich früher selbst im Ring. Auch von Antiquitäten versteht er etwas, wie hier viele prächtige Sammlerstücke beweisen. *So und feiertags geschl. | 2-10-2 Sotokanda | Chiyoda-ku | Tel. 32 51 85 00 | U-Bahn (G 14) Sue-hirochō*

ESSEN & TRINKEN

Sushibar für den schnellen Hunger: Die Fischhäppchen ziehen hier am Laufband vorbei

KŌBŌ [128 A3]

Das kleine Bistro ist etwas für Gourmetabenteurer, denn der Wirt Mashiko Kōzō, ein gelernter Sushimeister, steht selbst am Herd und experimentiert gern. Die Speisekarte ist leider nur auf Japanisch. Da hilft ein Blick auf die Tellerchen der Nachbarn. Die Portionen sind klein und relativ preiswert, zu viel Abenteuerlust geht aber ins Geld! Das Allerfeinste, ein Muss für Fischliebhaber, ist eine Platte mit rohem Fisch (sashimi no moriawase). Dazu trinkt man Sake aus der Präfektur Niigata, Kōzōs Heimat. *So und feiertags geschl. | 3-7 Kamiyamachō | Shibuya-ku | Tel. 34 66 97 86 | U-Bahn (C 02) Yoyogi-Kōen*

LAS CHICAS [128 C3]

Café, Restaurant und Bar – zu jeder Tageszeit eine gute Adresse. Viele Ausländer, Typ cool. Abwechslungsreiche internationale Küche mit sehr guten Salaten und Pastagerichten. Englische Speisekarte, ausländische Bedienung. Zwischen Mai und Oktober besonders zu empfehlen: Kaffee,

Tee oder Bier auf der Terrasse. *Tgl. | 5-47-6 Jingūmae | Shibuya-ku | Tel. 34 07 68 65 | www.vision.co.jp | U-Bahn (G 02, C 04, Z 02) Omotesandō*

NAMIHEI [128 C5]

Ein eigenwilliges Fischrestaurant – ein Mix aus Fischmarkt und Kneipe im 6. Stock. Die Stimmung ist ausgelassen, die Fische sind frisch! Zeitbeschränkte All-you-can-drink-Angebote gibt es auch. Am besten danach fragen. *Tgl. 17–23.30 Uhr, Fr, Sa und vor Feiertagen bis 4.30 Uhr | 6F Zain Ebisu | 1-7-3 Ebisu-nishi | Shibuya-ku | Tel. 54 58 38 10 | S-Bahn (Yamanote), U-Bahn (H 02) Ebisu*

PARADISE MACAU ⭐ [128 A3]

Asia-Fusion – so nennt sich ein neuer Restauranttrend: südostasiatisch inspirierte Gerichte mit Originalgewürzen und Kräutern. Im Macau schmeckt es besonders gut. Rohe Frühlingsrollen mit Avocado und Thunfisch zum Beispiel. Außerdem: junges Publikum, entspannte Atmosphäre und eine kleine Terrasse. *Tgl. |*

RESTAURANTS €€

39-5 Udagawa-chō | Shibuya-ku | Tel.
37 80 52 31 | U-Bahn (G 01, Z 01,
F 16) Shibuya

SANTOMO [127 D3]
Sumo-Ringer haben eine Vorliebe für
den Kugelfisch. Hier sind die Schwer-

türlich den frischesten aller Fische,
ein paar Minuten älter ist er in der
Nishi-Azubu- und in der Akasaka-
Gegend. Dafür kehren dort die Stars
des Showbusiness ein – und solche,
die es werden wollen. Das Beste aber
sind die reichlichen Portionen! *Alle*

Lebensmittelabteilung im Kaufhaus Isetan: Hier liegen auch Probierhäppchen gratis aus

gewichtler häufig anzutreffen. *So,
feiertags geschl.* | *6-14-1 Ueno* |
Taitō-ku | *Tel. 38 32 38 98* | *U-Bahn
(G 16, H 17) Ueno*

SUEHIRO TORANOMON [130 A2–3]
Shabu Shabu (US-Rindfleisch) und
Getränke, so viel man kann, in ange-
nehmer Atmosphäre. Zwei Stunden
kosten ca. 26 Euro, zweieinhalb
Stunden ca. 40 Euro. *Sa, So und
feiertags geschl.* | *Mitsubishi Tokyo
UFJ Bank Bldg. B1* | *1-4-2 Torano-
mon* | *Minato-ku* | *Tel. 35 02 19 61* |
U-Bahn (G 07) Toranomon

SUSHI-SEI
Mit ihrer Fischmarktnähe bietet die
Tsukiji-Niederlassung der Kette na-

So und feiertags geschl. | [130 C3] |
4-13-9 Tsukiji | *Chūō-ku* | *Tel.
35 41 77 20* | *U-Bahn (E 18) Tsukiji-
shijō;* [130 F2] | *3-11-14 Akasaka* |
Minato-ku | *Tel. 35 82 95 03* | *U-Bahn
(G 05, M 13) Akasaka-mitsuke*

TENTAKE ★ [130 C3]
In diesem traditionsreichen Fugu-
Restaurant stimmt das Preis-Leis-
tungs-Verhältnis! *Mi geschl.* | *6-16-6
Tsukiji* | *Chūō-ku* | *Tel. 35 41 38 81* |
U-Bahn (H 10) Tsukiji

TŌKAI-EN [124 B5]
Yakiniku-Restaurant (koreanisches
Barbecue) direkt am Eingang zum
Vergnügungsviertel Kabukichō. Im
sechsten Stock lockt das koreani-

sche-Barbecue-Buffet „So-viel-Sie-essen-können" ab 19 Euro bei maximal 90 Minuten, mittags kosten 60 Minuten nur ca. 10 Euro. Im 8. Stock sitzt man gemütlicher und isst etwas teurer à la carte. *Tgl. | 6F und 8F Tōkai-en Bldg. | 1-6-3 Kabukichō | Shinjuku-ku | Tel. 32 00 29 34 | U-Bahn (M 08) und S-Bahn (Yamanote) Shinjuku*

ZUIEN BEKKAN [124 C5]
Die Pekingente (ca. 60 Euro) und andere Chinaspezialitäten ersparen eine Fahrt zur Chinatown von Yokohama. Das Ambiente ist zwar eher schlicht und die chinesische Bedienung nicht von japanischer Höflichkeit, aber es schmeckt! *Tgl. | 2-7-4 Shinjuku | Shinjuku-ku | Tel. 33 51 35 11 | U-Bahn (M 10) Shinjuku gyoenmae*

■ RESTAURANTS €
GANSOZUSHI [124 A5]
Der Laden der gleichnamigen Fließband-Sushi-Kette im Geschäfte- und Kneipengewimmel hinter *Yodobashi Kamera* ist immer knallvoll. Die Muster der Tellerchen verraten die Preise. Beste Fließband-Sushi-Qualität. *Tgl. | Masuya Bldg. | 1-15-5 Nishi-Shinjuku | Shinjuku-ku | Tel. 53 21 57 75 | S-Bahn (Yamanote), U-Bahn (M 06, E 27, S 01) Shinjuku*

HEIROKUZUSHI [128 C3]
Seit Jahren eine Institution: Hier bekommen Sie Fließband-Sushi in guter Qualität beim Einkaufsbummel auf der Omotesandō. Bei Ausländern beliebt. Meist herrscht großer Andrang – und das bedeutet: Nichts rotiert übermäßig lange, alles ist ent-

sprechend frisch. Sollte das Angebot Ihnen dennoch nicht zusagen, so können Sie das Gewünschte auch extra bestellen. *Tgl. | 5-8-5 Jingūmae | Shibuya-ku | Tel. 34 98 39 68 | U-Bahn (G 02, C 04) Omotesandō*

ICHIOKU [129 E3]
Ist es nun japanische Küche mit westlichem Einschlag oder doch eher

>LOW BUDGET

> Zwischen 11.30 und 14 Uhr isst man sehr preiswert. Selbst teurere Etablissements bieten Mittagsmenüs.

> *Teishoku* sind preisgünstige Tablettgedecke ab ca. 6 Euro mit einem Hauptgericht, wie Fisch, Fleisch oder Tempura, sowie Misosuppe, Reis, eingelegtem Gemüse und manchmal einem kleinen Nachtisch. Dazu gibt es grünen Tee. Zum Beispiel im *Shōya*. Sa, So, feiertags geschl. | [128 C3] *Yūrakuchō Denki Bldg. | B11-7-1 Yūrakuchō | Chiyoōda-ku | Tel. 32 11 30 35 | S-Bahn (Yamanote) Yūrakuchō, U-Bahn (C 09, H 07) Hibiya*

> *Tachigui* heißt „im Stehen essen". Stehimbisse in Großbahnhöfen wie zum Beispiel Shinjuku (Südeingang, Minami-guchi, hinter der Sperre links) bieten extrem preiswerte Nudelgerichte an: Soba, Udon oder Ramen gibt es dort ab ca. 3,50 Euro.

> Für den kleinen Appetit reicht ein Ausflug in eine Lebensmittelabteilung der großen Kaufhäuser, wie etwa ins *Isetan* [124 B5] *(3-14-1, Shinjuku | U-Bahn (M 09) Shinjuku-sanchōme)*. Dort liegen teils köstliche Probierhäppchen gratis aus.

westliche Küche mit japanischem Flair? Jedenfalls lieben Ausländer wie Einheimische dieses winzige, gemütliche Lokal, wo selbst das „stille Örtchen" etwas Unverwechselbares hat. *So geschl. | 4-4-5 Roppongi | Minato-ku | Tel. 34 05 98 91 | U-Bahn (H 04, E 23) Roppongi*

INANIWA [129 D4]

Udon-Nudeln aus Akita und viele andere leckere Kleinigkeiten werden serviert, dazu hält das freundlich-intime Restaurant Sake aus allen Regionen Japans bereit. *So und feiertags geschl. | 1-8-20 Nishi-Azabu | Minato-ku | Tel. 34 01 49 66 | U-Bahn (H 04, E 23) Roppongi*

KOMAGATA DOZEU [125 D5]

Für Gourmet-Abenteurer. *Dojō*, Schmerle oder Bartgrundel, ist ein aalähnlicher, winziger Fisch, der als Eintopf, mit Ei überbacken oder in Misosuppe kredenzt wird. Eine Spezialität, für die Japaner in dieses Traditionslokal in Asakusa in ganzen Reisegruppen einfallen. *Tgl. | 1-7-21 Komagata | Taitō-ku | Tel. 38 42 40 01 | U-Bahn (G 19, A 18) Asakusa*

KŌ YA [125 D5]

Rāmen, chinesische Nudelsuppen, haben hier das gewisse Etwas. Dicke und dünne Suppen stehen in zahlreichen delikaten Geschmacksrichtungen zur Auswahl. *So und feiertags geschl. | 8 San'eichō | Shinjuku-ku | Tel. 33 51 17 56 | S-Bahn (Chūō, Sōbu), U-Bahn (M 12, N 09) Yotsuya*

MAISEN ⭐ [128 C3]

Tonkatsu heißt die japanische Variante des Wiener Schnitzels, das hier aus Schweinefleisch zubereitet wird. Wenn Sie *kurobuta* bestellen, ist der Fettanteil besonders gering. *Tgl. | 4-8-5 Jingūmae | Shibuya-ku | Tel. 0120/428485 (gebührenfrei) | U-Bahn (C 04, G 02) Omotesandō*

NINNIKUYA [128 C5]

Japanisches voller Knoblauch. *Mo geschl. | 1-26-12 Ebisu | Shibuya-ku | Tel. 34 46 58 87 | U-Bahn (H 02), S-Bahn (Yamanote) Ebisu*

NODAIWA [129 F4]

Mit zartestem Aal wusste man hier schon zur Edo-Zeit die Gäste zu erfreuen. *So geschl. | 1-5-4 Higashi-Azabu | Minato-ku | Tel. 35 83 78 52 | U-Bahn (H 02) Akabanebashi*

OTAKO [130 B3]

Seit Jahrzehnten auf *oden* spezialisiert, ein Eintopfgericht mit Tofu, Gemüse, gekochtem Ei und sonstigen Ingredienzen. Die englische Speisekarte gibt Auskunft. *So geschl. | 8-6-19 Ginza | Chūō-ku | Tel. 35 71 07 51 | U-Bahn (G 09, M 16) Ginza*

RYOKU [130 C2]

Wer es bei seiner Japanreise nicht nach Okinawa schafft, sollte zumindest dieses populäre Restaurant besuchen. Klänge, Gerichte und Getränke – alles typisch! Am besten reservieren. *Tgl. | 3F Matsuoka Ginza Bldg. | 3-3-9 Ginza | Chuo-ku | Tel. 353 80 54 5 | U-Bahn (G 09, M 16, H 08) Ginza*

SANGOKU ICHI

Für Liebhaber der preisgünstigen *Udon*-Nudeln zwei der ersten Adressen! *Tgl. | [124 A5] | 1-13-10 Nishi-*

Shinjuku | Shinjuku-ku | Tel. 33 44 35 91 | tgl. | [124 B5] | 3-24-8 Shinjuku | Shinjuku-ku | Tel. 33 54 35 91 | U-Bahn (M 08), S-Bahn (Yamanote) Shinjuku

TAKENO [130 D3]

Das Angebot kreist um Sushi, Sashimi und Tempura. Versteckt in einem Gässchen vor der Tsukiji-6-chome-Kreuzung. Üppige Portionen und erstklassige Qualität locken vor allem Fischmarktangestellte an. Und das zu einem Spottpreis. Wer nicht vor 18 Uhr da ist, schaut in die Röhre. *So und feiertags geschl. | 6-21-2 Tsukiji | Chūō-ku | Tel. 35 41 86 98 | U-Bahn (E 18) Tsukijishijō*

TSUNAHACHI ⭐

Tsunahachi Filialen gibt es viele. Sie sind überall in der Stadt verstreut. Allen gemeinsam ist die nette Atmosphäre sowie das erstklassige, aber dennoch preiswerte Tempura-Angebot. *Tgl. | [130 C2] | Matsuya Dept. Store, 8 F | 3-6-1 Ginza | Chūō-ku | Tel. 35 67 13 74 | www.tsunahachi. com/locat/index.html | U-Bahn (G 09, M 16) Ginza; tgl. | [124 B5] | 3-31-8 Shinjuku | Shinjuku-ku | Tel. 33 52 10 12 | U-Bahn (M 08), S-Bahn (Yamanote) Shinjuku*

YABU-SOBA ⭐ [126 C4]

Ein japanischer Garten umgibt Tokios berühmtestes Soba-Restaurant, und klassisch-japanisch ist auch das Ambiente drinnen. *Anagonamban,* eine Nudelsuppe mit Fischeinlage, ist eine der ungewöhnlichen Delikatessen. *Tgl. | 2-10 Awajichō | Kanda | Chiyoda ku | Tel. 32 51 02 87 | U-Bahn (M 19) Awajichō*

Tsunahachi: in freundlicher Atmosphäre Spitzentempura zu kleinen Preisen genießen

> KAUFRAUSCH OHNE GRENZEN

Traditionelles oder High-Tech – im Einkaufsparadies Tokio kann jeder glücklich werden

> **Einkaufen in Tokio, einer der teuersten Städte der Welt? Aber sicher! Vorausgesetzt allerdings, man hat sich vorab informiert, was das Gewünschte zu Hause kostet.**

Denn vorbei sind die Zeiten, da sich Nikons, Sonys oder Hitachis in ihrem Ursprungsland noch zu Schleuderpreisen erstehen ließen. Doch wer zollfrei einkauft, findet noch immer preiswerte Angebote, und oft ist hier schon zu haben, was in anderen Breiten erst Monate später auf den Markt kommt. Kleidermode made in Japan ist hier begreiflicherweise erschwinglicher als andernorts – vor allem, wenn im Januar/Februar und Juni/Juli Platz für die brandneue Kollektion gebraucht wird.

Japanisches Kunsthandwerk, vom Adressbüchlein aus Reispapier bis hin zum Samuraischwert, ist ebenfalls preiswerter, und vieles gibt's nun mal nur hier zu kaufen. Doch selbst wer

Bild: Shopping an der Ginza

EIN KAUFEN

gar nichts erwerben will, sollte auf einen Bummel durch Tokios unzählige Einkaufsstätten nicht verzichten, denn sie sind ein Bestandteil der japanischen Kultur.

Viele der kleinen Familienbetriebe sind bis weit in den Abend hinein geöffnet, die *Convenience Stores* amerikanischer Prägung haben sogar rund um die Uhr auf. Ein Shopping-Gefühl besonderer Art vermitteln die schier endlosen unterirdischen Ein-

kaufslabyrinthe der größeren Bahnhöfe. Neben Kaufhäusern sind die *fashion buildings* mit ihren Boutiquen Kundenmagnete. Kurzum: Nichts ist in Tokio leichter, als dem Kaufrausch zu verfallen. Damit das Vergnügen nicht in Arbeit ausartet, orientieren Sie sich vorab über die wichtigsten Einkaufsviertel:

★ *Akihabara* ist ein Mekka für alle Manga-/Animefans sowie Elektronikfreaks. Hunderte von Discountgeschäften bieten das Allerneueste im Audio- und Videobereich *(www.aki ba.or.jp/english).* [127 C–D4]

Aoyama: Hier konzentrieren sich exklusive Modeläden und Designerboutiquen – japanische wie ausländische. [128 C3]

Asakusa: Wer traditionelles japanisches Kunsthandwerk sucht, wird hier schen unzählige Läden mit Mode für junge Leute. [128 B4]

Shinjuku: Hier findet man ein „Mini-Akihabara" sowie eine Reihe von Kaufhäusern, darunter das aufsehenerregende Takashimaya Times Square. [124 B5]

Diese Liste der Einkaufsviertel ist mitnichten vollständig. In *Jimbōchō*

Die Kunst des Einkaufens: Designerboutique im Trendviertel Aoyama

am besten fündig, auch preiswerte Souvenirs. [127 F1–2]

Ginza: In Tokios ältestem und teuerstem Einkaufsviertel locken zahlreiche Kaufhäuser und Boutiquen. [130 B–C 2–3]

Harajuku: Trendiges für Teenies in der Takeshita-dōri, gehobene Mode an der Omotesandō, Spielzeug im Kiddyland, Kunst und Souvenirs im Oriental Bazaar. [128 B–C 2–3]

Shibuya ist gespickt mit Kaufhäusern und *fashion buildings,* dazwi- [126 B–C 4–5] konzentrieren sich die großen und kleinen Antiquariate, in *Kappabashi* [127 E1–2] statten sich Restaurants mit Tellern, Tiegeln und – ein witziges Mitbringsel! – den Plastiknachbildungen ihrer kulinarischen Angebote aus.

Und das meist rammelvolle Billig-Einkaufsviertel *Ameyoko* [127 D2–3] zwischen den Bahnhöfen Ueno und Okachimachi hat sich noch einen Hauch vom Schwarzmarkt bewahrt, der es nach dem Zweiten Weltkrieg ja auch war. Den besten Einstieg ins Shopping-Vergnügen bieten aber wohl die großen Kaufhäuser.

■ ANTIQUITÄTEN

Antiquitätenläden drängen sich an der [128 C3-4] Kottō-dōri in Aoyama. Rund 300 kleine Läden (japanisch, asiatisch, europäisch) sind in der *Antique Mall Ginza* versammelt *(Do–Di 11–19 Uhr | [130 C2] 1-13-1, Ginza | Chūō-ku | www.antiques-jp. com/e.html | U-Bahn (Y 19) Ginza-Itchōme)*. Bei den nachstehenden Adressen berät man Sie mit Sicherheit auf Englisch:

KUROFUNE   [129 E3]

Große Auswahl an antiken japanischen Möbeln. Nicht billig, aber edel. *Mo–Sa 10–18 Uhr | 7-7-4 Roppongi | www.kurofuneantiques.com | U-Bahn (H 04, E 23) Roppongi*

MORITA ANTIQUES   [128 C3]

Hier gibt es alte Textilien und Keramik. *Mo–Sa 10–19 Uhr, So und feiertags 10–18 Uhr | 5-12-2 Minami-Aoyama | Minato-ku | U-Bahn (G 02, C 04) Omotesandō*

ORIENTAL BAZAAR   [128 C3]

Die beste Adresse für eilige Touristen. Neben echten Antiquitäten (und sehr schönen Nachbildungen aus Korea und China) sind auch alte Kimonos, Holzschnitte, Kunsthandwerk und vieles mehr zu haben. *Fr–Mi 10–19 Uhr | 5-9-13 Jingūmae | Shibuya-ku | U-Bahn (G 02, C 04) Omotesandō*

■ BUCHLADEN

KINOKUNIYA ★   [124 B5]

Im 6. Stock fremdsprachige Bücher, auch über Japan. *Tgl. 10–21 Uhr, unregelmäßig geschl. | 3-17-7 Shin-*

MARCO POLO HIGHLIGHTS

★ **Akihabara**
Mekka der Elektronikfreaks (Seite 73)

★ **Oriental Bazaar**
Vom billigen Mitbringsel bis zu erlesenen Antiquitäten (Seite 75)

★ **Kinokuniya**
Bücher, auch in verständlichen Sprachen (Seite 75)

★ **Hanazono-Schrein**
Der beste Flohmarkt von vielen (Seite 76)

★ **Yodobashi Camera**
Kameras, Uhren etc. in Riesenauswahl (Seite 77)

★ **Takashimaya Times Square**
Das Kaufhaus der Zukunft (Seite 79)

★ **Hara Shobō**
Paradies für Holzschnittfans (Seite 79)

★ **Itōya**
Japanpapier und Kalligrafie-Utensilien (Seite 79)

★ **From 1st**
Legendäres Modehaus: Nachwuchsdesigner geben jetzt den Ton an (Seite 80)

★ **Mikimoto**
Die Perle unter den Perlengeschäften (Seite 81)

GALERIEN

juku | Shinjuku-ku | U-Bahn (M 08),
S-Bahn (Yamanote) Shinjuku

ELEKTRISCHES & ELEKTRONISCHES

LAOX DUTY FREE AKIHABARA   [127 C4]

Die größte Auswahl an zollfreier
Ware. Außerdem gibt's noch den
Laox Main Store, den Laox Sound
Shop und die Läden Laox Computer-
kan I und II, dazu noch den Laox
Musical Instrument Shop. *Tgl. 8–21
Uhr | 1-15-3 Soto-Kanda | Chiyoda-
ku | S-Bahn (Sobu), U-Bahn (H 15)
Akihabara*

>LOW BUDGET

> Kaum zu glauben: Die von Marken-
namen besessenen Japaner haben
den Billigladen entdeckt! Die Preis-
knuller der 100-Yen-Shops liegen voll
im Trend. Auch für Touristen ein
Schnäppchendorado, nicht nur für
skurrile Japan-Mitbringsel. *Daiso |
10–21 Uhr |* [128 B2] *Village 107 Bldg. |
1-19-24, Jingumae | Shibuya-ku
(Takeshita-dōri) | U-Bahn (C 03)
Meijijungūmae, S-Bahn (Yamanote)
Harajuku; Can-do | 11–22 Uhr |*
[124 B4] *Seibu-Shinjuku Pepe 8F |
1-30-1, Kabukicho | Shinjuku-ku |
U-Bahn (S 1, E 27), S-Bahn (Yamanote) Shinjuku*

> Ausverkäufe von Edelkimonos zu
Spottpreisen finden Immer Anfang
Januar und Mitte August im Kaufhaus
Takashimaya statt. Ein dritter Termin
ist flexibel. Am besten lassen Sie die
genauen Zeiten auf Japanisch erfra-
gen *(Tel. 32 11 41 11).* [124 B4] *2-4-1,
Nihonbashi | U-Bahn (G 11, T 10,
A 13) Nihonbashi*

FLOHMÄRKTE

In oder um Tokio herum findet so
gut wie jede Woche irgendein Flohmarkt oder Antiquitätenmarkt statt.
*Termine erfragen Sie beim TIC
(Tourist Information Center | Tel.
32 01 33 31).*

HANAZONO-SCHREIN ★   [124 B5]

Gutes Angebot, relativ wenig Ausländer. *So 5–17 Uhr (nicht bei
Regen!) | U-Bahn (M 09) Shinjuku-
sanchōme*

MEIJI PARK   [128 C1–2]

Der beliebte Flohmarkt am National-
stadion, neben der Nihon Seinen Kan,
findet unregelmäßig statt. Termine
unter *Tel. 33 84 66 66* oder *www.trx.
jp/list.php (beide auf Japanisch).
9–15 Uhr | Kasumigaoka-machi |
Shinjuku-ku | S-Bahn (Sobu) Senda-
gaya, U-Bahn (E 25) Kokuritsu-
kyōgijō*

OEDO ANTIQUE MARKET   [130 C1]

Den größten Outdoor-Flohmarkt in
Japan finden Sie direkt vor dem
Tokyo International Forum. *1. u. 3.
Sonntag im Monat | 3-5-1 Marunou-
chi | Chiyoda-ku | www.antique-mar
ket.jp/eng/index.shtml | S-Bahn (Ya-
manote), U-Bahn (Y 18) Yūrakūchō
und (C 09, H 07) Hibiya*

GALERIEN

DESIGN FESTA GALLERY   [128 C2]

Hier wird kreativen jungen Künstlern
ein Forum zur Präsentation geboten.
Ein Minigärtchen lädt zum Ausruhen
ein. *3-20-18 Jingūmae | Shibuya-ku |
www.designfesta.com/05_de/index.ht
ml | U-Bahn (C 03, F 15) Meiji-
jingūmae*

Fundgrube für Fotofreaks: im weltweit größten Fachgeschäft Yodobashi Camera

TOKYO METROPOLITAN MUSEUM OF PHOTOGRAPHY [128 C6]

Mehr Galerie als Museum. Für alle Liebhaber der Fotografie lohnt der Besuch, dazu ein Spaziergang durch den Yebisu-Garden-Komplex – ein schaurig-schöner Alptraum japanischer Postmoderne. *Di, Mi, Sa und So 10–18 Uhr, Do, Fr 10–20 Uhr | Eintritt variiert | Yebisu Garden Place | 1-13-3 Mita | Meguro-ku | www.syabi.com/index_eng.shtml | S-Bahn (Yamanote), U-Bahn (H 02) Ebisu*

WATARIUM [128 C2]

Kreuzung aus Galerie und Museum, entworfen von Mario Botta. Im Untergeschoss Kunstbücher, oben Ausstellungs- und Veranstaltungsräume (auch für Konzerte und Theater). *Di bis So 11–19 Uhr | 3-7-6 Jingūmae | Shibuya-ku | U-Bahn (G 03) Gaienmae*

■ KAMERAS

YODOBASHI CAMERA ★ [124 A5]

Weltgrößtes Kamerageschäft. Hier gibt's alles und immer das Neueste. Ältere Modelle sind im Ausland manchmal billiger. Yodobashi führt auch Elektrisches und Elektronisches. Beachten Sie die Sonderangebote! *Tgl. 9.30–22 Uhr | 1-11-1 Nishi-Shinjuku | Shinjuku-ku | U-Bahn (M 08), S-Bahn (Yamanote) Shinjuku*

■ KAUFHÄUSER

Japanische *depātos* sind exquisite Konsumtempel. Selbst die Verpackung aus diesen Häusern hat Prestigewert. Der Kunde ist hier tatsächlich Kaiser! Seien Sie am besten gleich zu Geschäftsbeginn zur Stelle. Dann stehen die Angestellten Spalier, schmettern Ihnen ein fröhliches *Irasshaimase!* – Willkommen! – entgegen und verbeugen sich in präzise abgezirkeltem Winkel. Nur der rote Teppich fehlt.

Kaufhäuser sind meist täglich zwischen 10 oder 11 und 20 oder 21 Uhr geöffnet. Die wenigen Ruhetage werden flexibel gehandhabt. Liegt Ihre Kaufsumme pro Tag und Kaufhaus über 10 000 Yen (Lebensmittel oder ähnliche Produkte sind ausgenommen), erhalten Sie die fünfprozentige Mehrwertsteuer bereits am Kauftag wieder zurück.

Mitsukoshi: altehrwürdiges Flaggschiff unter den Kaufhäusern in Tokio

ISETAN [124 B5]

Zum Sortiment gehört japanische Mode aufstrebender Designer zu verträglichen Preisen. Einen Besuch wert ist auch die kleine, aber feine Abteilung für japanisches Kunsthandwerk. *3-14-1 Shinjuku | Shinjuku-ku | U-Bahn (M 09) Shinjuku-sanchōme*

MARUI [124 B5]

Fünf Gebäude gibt es: *Fashion* für ambitionierte Designermode, *Young* für weniger wilde, jugendliche Bekleidung, *Men* mit rund 50 Herrenboutiquen, *Techno* für Schallplatten und Elektronisches, *Interiors* für Haushaltswaren und Inneneinrichtung. Mit extrem billigen Sonderangeboten locken die Schlussverkaufsaktionen im Februar und Juli. *3-30-16 Shinjuku | Shinjuku-ku | U-Bahn (M 09) Shinjuku-sanchōme*

MATSUZAKAYA

Das Haus blickt auf eine bald 400-jährige Geschichte zurück und ist entsprechend konservativ. Kenner loben besonders das Angebot an traditionellem japanischem Haarschmuck. [126–127 C-D3] | *3-29-5 Ueno | Taitō-ku | S-Bahn (Yamanote) Okachimachi |* [130 C2] | *6-10-1 Ginza | Chūō-ku | U-Bahn (G 09, M 16) Ginza*

MITSUKOSHI [126–127 C-D6]

Gegründet 1673, ist Mitsukoshi das Flaggschiff unter den Tokioter Kaufhäusern. Die Kimono-Abteilung ist eine Augenweide, spektakulär die Willkommenszeremonie um 10 Uhr. Zweigstelle u.a. in der Ginza. *1-4-1 Muromachi | Nihonbashi | Chūō-ku | U-Bahn (Z 09, G 12) Mitsukoshimae*

TAKASHIMAYA [131 D1]

Noch ein paar Jahre älter als Mitsukoshi, ist das Haus mit seiner großen Kimono-Auswahl und erlesenen Antiquitäten ebenfalls der Tradition verpflichtet. *2-4-1 Nihonbashi | Chūō-ku | U-Bahn (G 11, T 10, A 13) Nihonbashi*

TAKASHIMAYA
TIMES SQUARE ⭐ [124 B5]

Die jüngste Takashimaya-Filiale besteht aus zwei durch überdachte Brücken miteinander verbundenen Gebäudekomplexen. TTS gilt als das Kaufhaus der Zukunft: Neben den üblichen Abteilungen, dem Musikladen HMV und Heimwerkerladen Tōkyū Hands gibt es ein 3D-Kino und viele Restaurants. Der Buchladen Kinokunya im Annex führt auch ausländische Titel. *5-24-2 Sendagaya | Shibuya-ku | S-Bahn (Yamanote), U-Bahn (M 08) Shinjuku*

▓ KIMONOS ▓

Ein neuer Seidenkimono kostet wenigstens 3500 Euro – Gürtel *(obi)*, Unterkleider etc. kommen noch extra. Secondhandkimonos erhält man mit etwas Glück schon ab 40 Euro. Noch preiswerter sind Baumwollkimonos *(yukata)*, die sich vorzüglich als Hausmantel eignen.

CHICAGO [124 B3]
Der Secondhandladen mit Mode für junge Leute führt auch eine große Auswahl an preisgünstigen Kimonos und Yukatas. *Tgl. 11–20 Uhr | Olympia Annex Bldg., B1 | 6-31-21 Jingū-mae | Shibuya-ku | U-Bahn (C 03) Meijijingūmae*

▓ KUNSTHANDWERK & INTERIEUR

BINGOYA [125 D4]
Die Nummer eins für authentische Volkskunst führt zum Beispiel Stoffe

in Blauweiß. *Di–So 10–19 Uhr | 10-6 Wakamatsuchō | Shinjuku-ku | U-Bahn (E 03) Wakamatsu – Kawada*

HANATO [127 F2]
Papierlaternen aller Art und Größen. *Mi–Mo 10–20 Uhr | 2-25-6 Asakusa | Taitō-ku | U-Bahn (G 19, A 18) Asakusa*

HARA SHOBŌ ⭐ [126 B4]
Das Geschäft hat sich auf japanische Farbholzschnitte spezialisiert. Man spricht auch Englisch. *Di–Sa 10–18 Uhr | 2-3 Jimbōchō | Kanda | Chiyoda-ku | www.harashobo.com/english/index.htm | U-Bahn (Z 07, I 10, S 06) Jimbōchō*

IDAYA [127 F2]
Fächer und dekorative Schirme aus Ölpapier. *Tgl. 10–19 Uhr | 1-32-7 Asakusa | Taitō-ku | U-Bahn (G 19, A 18) Asakusa*

ITŌYA ⭐ [130 C2]
Auf der Suche nach japanischem Papier – *Washi* – sollten Sie gleich in den 3. Stock des Annex 3 gehen. Über 3000 verschiedene Produkte stehen zur Auswahl. Auch Kalligrafiepinsel samt Tusche gibt es in diesem gigantischen Schreibwarengeschäft, in 18 Stockwerken auf drei Gebäude verteilt. *Mi–Sa 10.30–20 Uhr, So–Di 10.30–19 Uhr | 2-7-15 Ginza | Chūō-ku | U-Bahn (G 09, M 16) Ginza*

JAPAN SWORD [130 A3]
Manches alte Samuraischwert erzielt hier über 10 000 Euro, das Vierzigfache eines neuen. *Mo–Fr 9.30–18 Uhr, Sa 9.30–17 Uhr | 3-8-1 Torano-*

MODE

mon | Minato-ku | www.japansword.co.jp | U-Bahn (G 07) Toranomon

KYŪGETSU [127 E4]
Der Laden bietet das größte Sortiment an japanischen Puppen in Tokio. *Tgl. 9.15–18 Uhr | 1-20-4 Yanagibashi | Taitō-ku | U-Bahn (A 16) Asakusabashi*

KYŪKYODŌ [130 C2]
Japanisches *Washi*-Papier mit Ornamenten wird hier als Dekoration, Geschenkpapier oder Grußkarte offeriert. Zudem erlesenstes Kalligrafiepapier, mit Goldpuder bestäubt (rund 150 Euro pro Blatt), sowie Pinsel und Tuschsteine. 1663 in Kyoto gegründet und 1880 nach Tokio umgezogen, gehört der frühere Weihrauchlieferant des Kaiserhauses zu den Traditionsbewahrern in der Ginza. *Mo–Sa 10–19.30, So und feiertags 11–19 Uhr | 5-7-4 Ginza | Chūō-ku | U-Bahn (G 09, M 16) Ginza*

MUJI
Das Label Muji hat „No-Brand-Produkte" zur Marke gemacht – auch international. Ob Homeware, Fashion oder Interieur: Das Muji-Design ist schlicht, aber schick, funktionell, von hoher Qualität und dennoch preiswert. Im Shop in Yurakuchō gibt es auch einen Fahrradverleih! Mehrere Geschäfte unterschiedlicher Größe in Tokio. *Tgl. 11–21 Uhr | [128 C2] | B1–2F | 1-21-7 Meijijingumae | Shibuya-ku | U-Bahn (C 03, F 15) Meijijingumae | Tgl. 10–21 Uhr | [130 C2] | 2 u. 3F | 3-8-3 Marunouchi | Chiyoda-ku | S-Bahn (Yamanote) Yurakuchō, U-Bahn (Y 18) Yurakuchō*

OZU WASHI [124 D5]
Papierwaren seit 1653 – welch eine Tradition! *Mo–Sa 10–19 Uhr | Ozu Bldg. B1 | 3-6-2 Nihonbashi-Honchō | Chūō-ku | U-Bahn (Z 09) Mitsukoshimae*

■ MODE

FROM 1ST ★ [128 C3]
Ein Haus mit Geschichte: Hier eröffneten Japans Modegurus Issey Miyake, Rei Kawakubo und Yohji Yamamoto ihre ersten Boutiquen. Heute prägen Nachwuchsdesigner die Szene. *Geschäftszeiten je nach Boutique unterschiedlich | 5-3-10 Minami-Aoyama | Minato-ku | U-Bahn (C 04, G 02) Omotesandō*

> VISITENKARTEN
Niemals ohne, wenn's geschäftlich ist!

Erst die Visitenkarte macht in Japan den Menschen zum gesellschaftlichen Wesen, beantwortet doch die Karte auf einen Blick die dringlichen Fragen: In welcher Firma arbeitet mein Gegenüber, in welcher Position, über oder unter mir? Schließlich gelten für die sozialen Interaktionen strenge Höflichkeitsregeln, nach denen sich Anrede und Wortwahl zu richten haben. Bei einer touristischen Stippvisite nach Tokio brauchen Sie sich aber um solche Gepflogenheiten nicht zu kümmern. Anders bei Dienstreisen: Dann sind Visitenkarten mit japanisch beschrifteter Rückseite unverzichtbar!

JÜRGEN LEHL [128 B3]

Der deutsche Modedesigner hat sich in Japan mit seinen zeitlos-schönen Damen- und Herrenkollektionen einen Namen gemacht. *Tgl. 11–20 Uhr | Shin Kokusai Bldg. 1F | 3-4-1 Marunouchi | Chiyoda-ku | U-Bahn (Y 18) Yūrakuchō*

| U-Bahn (G 01, Z 01), S-Bahn (Yamanote) Shibuya

UNIQLO [130 C2] *Insider Tipp*

Schick, preiswert und dennoch ausgezeichnete Qualität – Uniqlo hat sich als Fashion-Brand etabliert. Auch Jil Sander kreiert Mode (+J) für die Japa-

Exquisite Perlen, exquisite Preise: Mikimoto steht für allerbeste Qualität

LAFORET HARAJUKU ▶▶ [128 B2–3]

Bei jungen, modebewussten Japanern beliebtes Fashion-Kaufhaus. Viele coole Shops von etablierten, aber auch neuen Modelabels. *Tgl. 10–20 Uhr | 1-11-6 Jingumae | Shibuya-ku | U-Bahn (C 03, F 15) Meiji-jingūmae*

PARCO [128 B3]

Junge und innovative Mode. Parco 1 und 3 locken auch wegen ihrer großen Auswahl an Restaurants – preiswerter Lunch. *Tgl. 10–21 Uhr | 15-1 Udagawachō | Shibuya-ku | U-Bahn (G 01, Z 01), S-Bahn (Yamanote) Shibuya*

SHIBUYA 109 ▶▶ [128 B4]

Rund 100 Teeny-Boutiquen mit dem absolut neuesten Schrei. *Tgl. 10–21 Uhr | 2-29-1 Dōgenzaka | Shibuya-ku*

ner. *Tgl. 11–21 Uhr | 5-7-7 Ginza | Chuo-ku | U-Bahn (G 09, M 16) Ginza*

ZARA [128 B3]

Die internationale Modekette hat im Glasbau von Hiroyuki Yoshikawa ein supercooles Domizil. *Tgl. 11–20.30 Uhr | 6-31-17 Jingumae | Shibuya-ku | U-Bahn (C 03, F 15) Meiji-jingūmae*

■ PERLEN

MIKIMOTO ★ [130 C2]

Mit Abstand der edelste Perlenladen der Stadt. Der berühmte Name bürgt für erstklassige Qualität, und die hat ihren Preis. Gründervater Kōkichi Mikimoto erfand 1893 die Zuchtperle. *Do–Di 10.30–19 Uhr | 4-5-5 Ginza | Chūō-ku | www.mikimoto.com | U-Bahn (G 09, M 16) Ginza*

> SCHLAFLOS IN TOKIO

Wer die letzte Bahn verpasst, kann ruhig weiterfeiern:
Irgendwo ist immer etwas los

> Tokio lebt nachts nicht nur von den dicken Spesenkonten der Geschäftsleute. Studenten und junge Angestellte mischen kräftig mit.

Besonders die OL, die Office Ladies – junge Damen, die außer zum Tee-servieren auch zu produktiver Büro-arbeit herangezogen werden–, inves-tieren einen Großteil ihres ansehn-lichen Gehalts ins Nightlife. Und das ist bunt, manchmal gar schrill, immer jedoch irgendwie japanisch: Sei es in Roppongi [129 E3–4], wo ein recht grelles Gemisch von einheimischen wie fremdländischen Hauptstadt-Yuppies und kurz geschorenen GIs Stehpinten, Diskos und Pubs bevöl-kert, sei es das ▶▶ Gay-Viertel Shin-juku-nichōme [124 C5] oder das nahe gelegene ★ Kabukichō [124 B4–5], ebenfalls in Shinjuku, wo es alles gibt, was zur geistigen und körper-lichen Entspannung des Angestellten-heeres beiträgt: von der Peepshow bis

Bild: Nachtleben in Kabukichō

AM ABEND

hin zu Stripteasebars, wo am Ende der tänzerischen Darbietungen die Gäste zur körperlichen Eigenleistung auf die Bühne gebeten werden.

An solchen Orten freilich merkt man, dass man als Ausländer nicht richtig dazugehört. Hier und da gilt sogar: *Japanese only.* Das sollte man dann hinnehmen. Internationalität und Lokalkolorit – dieser Dualismus ist es, der das abendliche Unterhaltungsangebot prägt und ihm sein erstaunlich breites Spektrum verleiht: Es gibt Kabuki- und Noh-Aufführungen für die Traditionalisten, Popkonzerte oder Klassisches mit weltbekannten Interpreten für die Musikliebhaber; Karaoke, Jazzkeller und Diskotheken für die Jungen und Junggebliebenen. Tokio hat eine der besten Clubbing-Szenen der Welt. In Asien ist sie die Nummer eins. Wer's gemütlicher liebt, den locken unzählige Kneipen und Bars.

BARS

■ **BARS** ■

GAS PANIC ▶▶   [129 E3]

In diesem abwechslungsreichen Trio tobt bis früh um fünf der Bär. In einer Bar und zwei Clubs treffen sich West

Hard Rock Cafe: Bar für Fans von sattem Gitarrenrock

HARD ROCK CAFE   [129 E3]

Leicht zu erkennen an der überdimensionalen King-Kong-Figur. *Mo bis Do 11.30–2 Uhr, Fr und Sa 11.30–4 Uhr, So 11.30–2 Uhr | 5-4-20 Roppongi | Minato-ku | www.hard rock.com | U-Bahn (H 04, E 23) Roppongi*

MOTOWN HOUSE TOKYO ★   [129 E3]

Die Mutter aller Abschleppkneipen in Tokio. Nachteil: Das Männer-Frauen-Verhältnis liegt bei 5 : 1. Die Bar ist meist rappelvoll, die Anmache entsprechend hektisch. *Tgl. 18–5 Uhr | Com. Roppongi Bldg. 2F | 3-11-5 Roppongi | Minato-ku | www.motown house.com | U-Bahn (H 04, E 23) Roppongi*

PROPAGANDA ▶▶   [129 E3]

Beliebter Roppongi-Hangout, der oft schon zur Happy Hour gut besucht ist. Techno-Beschallung. Keine *cover charge* (Gedeckgebühr). *Mo–Sa 18 bis 5 Uhr | Yua Roppongi Building 2F | 3-14-9 Roppongi | Minato-ku | www.propaganda-tokyo.com/english/ index.html | U-Bahn (H 04, E 23) Roppongi*

SUPER-DELUXE ★ ▶▶   [129 E4]

Mehr Künstlersalon als Bar. Das Kultevent *Pecha Kucha* findet jeden letzten Mittwoch im Monat statt: 14 von den Betreibern ausgesuchte Personen präsentieren ihre Kreationen und Ideen aus den Bereichen Architektur und Design. Programme und Anfangszeiten stehen auf der Website. *Mo–Sa ab Uhr | B 1F | 3-1-25 Nishi-Azabu | Minato-ku | www.super-deluxe.com/ | U-Bahn (H 04, E 23) Roppongi*

und Ost. *Gas Panic Bar tgl. 18–5 Uhr | Club 99 Gas Panic So–Di 21–5 Uhr, Do–Sa 21–9 Uhr | beide 3-15-24 Roppongi | Minato-ku; Gas Panic Club tgl. 18–5 Uhr | 3-14-11 Roppongi | Minato-ku | U-Bahn (H 04, E 23) Roppongi*

THREE HUNDRED BAR [130 C2]

In dieser kleinen Stehbar mitten in der Ginza treffen sich die Sekretärinnen und junge Business-Samurai aus der Gegend zum Abschlaffen und Dampf ablassen. Nomen est omen: Alle Drinks kosten 300 Yen (ca. 2,70 Euro inkl. Steuer). Zwei Getränkecoupons muss man mindestens kaufen, bei zehn gibt es einen Freidrink. *Mo–Sa 17–2 Uhr, So und feiertags 17–23 Uhr, um Neujahr geschl.* | *5-9-11 Ginza* | *Chūō-ku* | *www.300bar.com/english/* | *U-Bahn (G 09, M 16, H 08) Ginza*

TOKYO SPORTS CAFE [129 E3]

Guter Treff für Sportler und für Singles. Klappt die Kontaktaufnahme nicht, bleibt immer noch, auf Dutzenden von Monitoren Wettkämpfe zu verfolgen. *Mo–Sa 18–5 Uhr* | *2F Fusion Bldg.* | *7-13-8 Roppongi* | *Minato-ku* | *www.tokyo-sportscafe. com* | *U-Bahn (H 04, E 23) Roppongi*

■ BIERHALLEN ■

Gemütlichkeit auf Japanisch. Der Bierkonsum – vor allem im Sommer – ist beträchtlich.

KIRIN CITY [128 B4]

Gepflegtes Bier in entspannter Atmosphäre. Es gibt rund 25 dieser Pubs in Tokio, zwei davon liegen in Shibuya. *Mo–Sa 12–23.30, So 11.30–23.30 Uhr* | *Matsubara Bldg. 1F* | *2-25-13 Dōgenzaka* | *Daisan Tanaka Bldg. F1* | *31-3 Udagawachō* | *U-Bahn (G 01, M 16), S-Bahn (Yamanote) Shibuya*

LION [130 C2]

Seit 1934 in der Ginza. Auch das Essen ist recht anständig. *Tgl. 11.30 bis 23 Uhr* | *7-9-20 Ginza* | *Chuo-ku* | *U-Bahn (G 09, M 16) Ginza*

■ DISKOS & CLUBS ■

AGEHA ★ ▶▶ [133 E2]

Mit Sicherheit einer der besten Clubs Asiens, wenn nicht sogar der beste. Die Haupttanzfläche bietet über 2000 Leuten Platz, extrem gute Sound- und Lichtanlage. Der Club hat insgesamt vier Tanzflächen, vier Bars, drei VIP-Räume und sogar einen Pool. Events finden meist freitags und samstags statt. Einziger Nachteil: Die Clubperle liegt am Rand von Tokio. Kostenlose Shuttlebusse fahren ab

MARCO POLO HIGHLIGHTS

★ **Kabukichō**
Das Viertel, in dem Tokios Nachtleben am wildesten tobt (Seite 82)

★ **Nationaltheater**
Für Freunde der klassischen japanischen Künste (Seite 89)

★ **Super-deluxe**
Szenetreff für Künstler und Kreative (Seite 84)

★ **Motown House Tokyo**
Baggern an der Bar (Seite 84)

★ **Ageha**
Der Megaclub ist megagut (Seite 85)

★ **Abbey Road**
Beatles-Kopie, besser als das Original (Seite 87)

★ **Blue Note Tokyo**
Jazz vom Feinsten (Seite 87)

Shibuya ab 23 Uhr. Vorsicht: Die Plätze sind durchnummeriert, wer keine Platzkarte hat, kommt nicht mit! Ausweis mitnehmen! Genaue Infos zu Events und Transport unter *www.ageha.com* (Schedule bzw. Access anklicken!). *2-2-10 Shin Kiba | Koto-ku | U-Bahn (Y 24) Shinkiba*

AIR ▶▶   [128 B5]
Der Club wurde durch den Film „Lost in Translation" bekannt. Da er etwas schwer zu finden ist, sollten Sie unbedingt einen Umgebungsplan ausdrucken! Abwechslungsreiches Programm. Eingang durch Restaurant/Café im Erdgeschoss. ID-Check! *Wechselnde Öffnungszeiten und Eintrittspreise | B1, B2 Hikawa Bldg. | 2-11 Sarugakumachi | Shibuya-ku | www.air-tokyo.com | U-Bahn (G 01, Z 01, F 16), S-Bahn (Yamanote) Shibuya*

NEWLEX EDO ▶▶   [129 E3]
Runderneuert erstrahlt das Lex, als Lexington Queen die Roppongi-Institution seit den 1970er-Jahren, in neuem Glanz. Ab und an schauen Models und internationale Rock- und Popstars vorbei, Groupies im Schlepptau. *Tgl. 20 Uhr bis spät | Eintritt inkl. drei Getränke oder Gerichte für Männer ca. 38 Euro, Frauen ca. 28 Euro | Daisan Gotō Bldg. B1 | 3-13-14 Roppongi | www.newlex-edo.com/ | U-Bahn (H 04, E 23) Roppongi*

SALSA SUDADA ▶▶   [129 E3]
Wer zu Latinsounds (noch) nicht tanzen kann, bekommt hier sogar die wichtigsten Schritte beigebracht. Die Tanzfläche in diesem beliebten Klub ist immer voll. *Tgl. 18–6 Uhr | Eintritt frei | Getränke ab ca. 4 Euro (alkoholfrei) und ca. 8 Euro (alkoholisch) | 3F Fusion Bldg. | 7-13-8 Roppongi | Minato-ku | www.salsasudada.org/ | U-Bahn (H 04, E 23) Roppongi*

WAREHOUSE 702 ▶▶   [129 E4]
Mit einer Kapazität von 800 Gästen einer der größten Clubs in Tokio. Gute Line-ups, Schickimicki-Touch. *Unterschiedliche Öffnungszeiten und*

> ENTSPANNEN & GENIESSEN
Im Sentō, dem Nachbarschaftsbadehaus

Nach einem Tag Pflastertreten tut ein entspannendes Bad im Sentō, dem Nachbarschaftsbadehaus, besonders gut. In diesen urjapanischen Stätten baden Männer und Frauen getrennt. Im Vorraum ziehen Sie die Schuhe aus und entrichten das Eintrittsgeld (ab ca. 4,50 Euro) beim Bademeister. Haben Sie Ihre Kleidung in einem Schließfach verstaut, betreten Sie das eigentliche Bad. Als Erstes ist gründliches Abschrubben Pflicht, und zwar außerhalb des Beckens! Seife, Handtuch etc. sollten Sie mitbringen. Rundum gesäubert und abgespült, dürfen Sie endlich ins Wasser. Vorsicht: Die Temperatur von rund 45 Grad erfordert einen langsamen Einstieg! Ist der ganze Körper erst einmal untergetaucht, fallen Stress und Hektik schnell ab, und man fällt in wohliges Dösen, z.B. im *Komparu-Yu Onsen*. *Mo–Sa 14–23 Uhr | Eintritt ca. 4,50 Euro |* [130 B3] *8-7-5 Ginza| Chūō-ku | U-Bahn (G 08) Shimbashi*

AM ABEND

Tokio hat eine der besten Clubbing-Szenen der Welt – und die allerbeste in Asien

---

Eintrittspreise | B1F Fukao Bldg. | 1-4-5 Azabu-juban | Minato-ku | www.warehouse702.com/top.html | U-Bahn (N 04, E 23) Azabu-juban

WOMB ▶▶   [128 A4]

Ein super Club: starke DJs, gute Technopartys. Am Wochenende ist es knallvoll. In der Nähe gibt es mit Club Asia, Vuenos, Asia P und Neo Ausweichmöglichkeiten. Öffnungszeiten, Eintritt und Programm wechseln! *2-16 Maruyama-chō | Shibuya-ku | www.womb.co.jp | U-Bahn (G 01, Z 01), S-Bahn (Yamanote) Shibuya*

■ KARAOKE

SHIDAX ROPPONGI CLUB   [129 E3]

Hier trällert man in Karaokesuiten im Designerlook. Mit Fernbedienung werden die Songs – auch jede Menge englische – abgerufen. Je größer die Gruppe, umso lustiger wird es. *Mo bis Fr 17–6, Sa 14–6, So und feiertags 14–3 Uhr | Miete je nach Raumgröße und Tageszeit | 5-2-4 Roppongi | Minato-ku | Tel. 54 74 11 22 | U-Bahn (H 04, E 23) Roppongi*

■ LIVEMUSIK

ABBEY ROAD ★   [129 E3]

Die besten Pilzkopf-Imitatoren der Stadt sind wohl die Parrots. Im Abbey Road spielen sie und andere Bands auch Nummern, die die Beatles nie im Liverepertoire hatten. Leider gibt es keine Tanzfläche. Und Vorsicht: Man muss mindestens ein Getränk und ein Gericht ordern. *Mo–Do 18–24 Uhr, Fr, Sa und vor Feiertagen 18–1 Uhr | Eintritt ab 13 Euro | Roppongi Bldg. Annex B1 | 4-11-5 Roppongi | Tel. 34 02 00 17 | www.abbeyroad.ne.jp/ | U-Bahn (H 04, E 23) Roppongi*

BLUE NOTE TOKYO ★ ▶▶   [128 C3]

Dizzy Gillespie, Sarah Vaughan oder Sergio Mendez können Sie hautnah erleben in dieser getreuen Kopie des New Yorker Vorbilds! Mehr als 200 Besucher gehen in den Jazzclub nicht hinein. Gut, aber teuer. *Unregelmäßig geschlossen, sonst Mo–Sa 17.30–1 Uhr, live ab 19 Uhr; So 17–0.30 Uhr | Eintritt ab ca. 60 Euro | Leica Bldg. | 6-3-16 Minami-Aoyama | Minato-ku | Tel. 54 85 00 88*

| www.bluenote.co.jp | U-Bahn (G 02, C 04) Omotesandō

LIQUID ROOM ▶▶ 📶 [128 C5]

Liveauftritte von international und lokal bekannten Bands und DJs. Achtung: Schon vor Mitternacht ist Schluss! Der Eintritt kann teuer werden. Kostenlos kommen Sie in die populäre Cafébar. Programme, Eintritt und Zeiten für Liquid Room und Night-Lounge-Events stehen auf der Website. 3-16-6 Higashi | Shibuya-ku | www.liquidroom.net/ | U-Bahn (H 02), S-Bahn (Yamanote) Ebisu

>LOW BUDGET

> In manchen Diskos und Clubs bekommen Frauen verbilligten Eintritt (z.B. in der Disko NewLex Edo), Montag und Donnerstag auch oft ganz umsonst. Die „Happy Hour" wird vor allem in Bars und Hangouts angeboten, die von Ausländern frequentiert werden, etwa dem Geronimo (Yamamuro Bldg. 2F | [129 E3] 7-14-10 Roppongi | Minato-ku | U-Bahn (H 04, E 23) Roppongi).

> In der Wall Street Bar 1 bekommen Damen mittwochs einen Gratis-Champagner zur Begrüßung. Donnerstags: gratis Special-Getränk für alle. Marina Bldg. 3F | [129 E3] 3-10-15, Roppongi | Minato-ku | U-Bahn (H 04, E 23) Roppongi

> Preiswertestes Abendprogramm zwischen Mai und Oktober: abhängen am Kunststrand in [133 E3] Odaiba. Kaufen Sie Essen und Getränke im Supermarkt Maruetsu direkt vor dem Yurikamome-Bahnhof Odaiba-Kaihin-Koen.

PIT-INN ▶▶ [124 B5]

Jazzclub mit guter Musik, reellen Preisen und einem kundigen Publikum. Mittags spielen Newcomer. Tgl. 14.30–16.30 Uhr und 19.30–22.30 Uhr | Eintritt ab ca. 27 Euro (inkl. Getränk) | Akōdo Shinjuku Bldg. B1 | 2-12-4 Shinjuku | Shinjuku-ku | Tel. 33 54 20 24 | www.pit-inn.com/index_e.html | U-Bahn (M 09, S 02) Shinjuku-sanchōme

SHELTER ▶▶ [133 D3]

Eine der Top-Live-Adressen für Indie-Rock made in Japan. Indies nennen sich hier alle Rock- und Alternativbands, die für unabhängige Labels produzieren. Tgl. meist 18.30–4 Uhr | Eintritt ab ca. 22 Euro | Senda Bldg. B1 | 2-6-10 Kitazawa | S-Bahn (Odakyu ab Shinjuku)

■ LOVE HOTELS ■

Wer mit Partner nach Tokio kommt, sollte sich das Vergnügen nicht entgehen lassen: Kyūkei (Pause; ab 44 Euro für zwei Stunden) oder gar tomari (Übernachtung; ab 110 Euro) in einem der herrlich kitschigen Love Hotels. Es handelt sich nicht um Bordelle. Geboten wird nahezu jedes Ambiente vom Liebesnest mit Wasserbett bis zum Dschungelzimmer. Shibuya ist eine gute Adresse für den Anfang: [124 A4] die Dōgenzaka entlang, am The Prime vorbei und rechts den Hügel hinauf. Dann gilt nur noch: Wer die Wahl hat, hat die Qual.

■ THEATER ■

KABUKI-ZA [130 C2]

Abriss des Nachkriegsbaus in Nostalgiearchitektur und Neubau als Teil eines Wolkenkratzers: Erst im Frühjahr 2013 soll das Kabuki-za wieder seine Tore öffnen. Bis dahin können Sie traditionelle Kabuki-Aufführungen entweder im Nationaltheater sehen oder im Theater Shimbashi Embujō (*6-18-2 Ginza* | [130 C3] *Chūō-ku*

NATIONALTHEATER ⭐   [129 F1]

Aufführungen von Kabuki, Bunraku, klassischer japanischer Musik, klassischem und höfischem Tanz sowie von Priestergesängen. *Wechselnde Anfangszeiten | Eintritt ab 16 Euro | 4-1 Hayabusachō | Chiyoda-ku | Tel.*

Aufführung im Noh-Theater: holzgeschnitzte Masken, prachtvolle Kostüme

| Tel. 35 41 26 00 | www.shochiku.co. jp/play/enbujyo/index.html | U-Bahn (E 18) Tsukijishijo, (H 09) Higashi-Ginza

NATIONALES NOH-THEATER   [128 C1]

Japans führende Noh-Bühne. *Wechselnde Anfangszeiten | Infos und Kartenvorverkauf Tel. 32 30 30 00 (Englisch) | www.ntj.jac.go.jp/english | Eintritt ab ca. 22 Euro | 4-18-1 Sendagaya | Shibuya-ku | U-Bahn (E 25) Kokuritsu-kyōgijō, S-Bahn (Sobu) Sendagaya*

32 65 74 11 | www.ntj.jac.go.jp/english/ index.html | U-Bahn (Z 05) Hanzōmon

TAKARAZUKA   [130 B2]

Ein Operetten-Revue-Mix, nicht klassisch, aber amüsant. Das Ensemble besteht ausschließlich aus Frauen. *Vorstellungen Mo und Fr 13.30, Di und Do 13.30 und 18.30, Sa, So und Feiert. 11 und 15.30 Uhr | Eintritt wechselnd | 1-1-3 Yūrakuchō | Chiyoda-ku | Tel. 52 51 20 01 | http:// kageki.hankyu.co.jp/english/index.ht ml | U-Bahn (H 07, L 09) Hibiya*

> VERTRAUTES BETT ODER TATAMI-LAGER

Schlafen auf traditionell-japanische Art im Ryokan ist einen Versuch wert

> **Die Preise von Luxus- und Spitzenhotels in Tokio entsprechen denen in anderen Weltmetropolen. Preiswerte Unterkunft in kleinen, aber sauberen Zimmern bieten sogenannte Businesshotels.**
Wer es traditionell-japanisch liebt, quartiert sich in einem Ryokan ein. Dort wohnt man auf Tatamis, den dicken Fußbodenmatten aus Reisstroh, auf denen zur Nacht die Futon-Matratze ausgerollt wird, und reinigt sich im Gemeinschaftsbad.

Auch die Verpflegung (meist inklusive Frühstück und Abendessen) ist japanisch. In einer Megastadt wie Tokio ist die Lage des Hotels besonders wichtig. In Kaiserpalastnähe können Sie Ginza, Kabukitheater oder Fischmarkt zu Fuß erreichen, in Ueno lockt die Museumsnähe und die Atmosphäre des traditionellen Tokio.

Auf den Zimmerpreis kommen noch Zuschläge: Liegt der Gesamtbetrag unter 10000 Yen, werden

Bild: Hotel Conrad Tokyo

ÜBER NACHTEN

5 Prozent Mehrwertsteuer erhoben, über 10 000 Yen sind es 6 Prozent. Zusätzlich werden je nach Hotelkategorie 10 bis 15 Prozent Servicegebühr berechnet und eine Übernachtungssteuer von 100 oder 200 Yen.

■ HOTELS €€€

IMPERIAL HOTEL (TEIKOKU HOTEL) 🔊   **[130 B2]**

Das 1891 eröffnete und sehr beliebte Traditionshotel liegt günstig in Kaiserpalastnähe. Eine ganz besondere Attraktion – auch für Nicht-Gäste – ist die <mark>Teezeremonie ganz für Sie allein.</mark> Sie findet im Teehäuschen des Hotels im vierten Stock statt *(Reservierung: unter Tel. 35 04 11 11 „extension 5858" verlangen | ca. 16 Euro). 1059 Zi. | 1-1-1 Uchisaiwaichō | Chiyoda-ku | Tel. 35 04 11 11 | Fax 35 81 91 46 | www. imperialhotel.co.jp | U-Bahn (I 08, C 09, H 07) Hibiya*

Insider Tipp

NEW ŌTANI [129 E1]

Seit langem populär. Prunkstück ist der japanische Garten. Ruhe werden Sie aber kaum finden. In den Restaurants und Einkaufspassagen geht es

Megahotel New Ōtani (vorn):
Hier geht es zu wie im Bienenstock

eher zu wie auf Tokios Bahnhöfen. *1612 Zi. | 4-1 Kioichō | Chiyoda-ku | Tel. 32 65 11 11 | Fax 32 21 26 19 | www.newotanihotels.com | U-Bahn (G 05, M 13) Akasaka-mitsuke*

HOTEL NIKKŌ TOKYO [133 E3]

Die Zimmer mit Blick auf die Rainbow-Brücke und den nachts angestrahlten Tokyo Tower samt Skyline sind sehr gefragt. Das Hotel am Ende des Daiba-Strandes steht bei japanischen Touristen ganz hoch im Kurs. *453 Zi. | 1-9-1 Daiba | Minato-ku | Tel. 55 00 55 00 | Fax 55 00 25 25 | www.hnt.co.jp | Yurikamome-Bahn Daiba*

HOTEL OKURA TOKYO ★ 🔊 [129 F3]

Seit seiner Eröffnung 1964 erfreut sich das Nobelhotel bei Ausländern größter Wertschätzung. Ehrwürdige Eleganz, mustergültiger Service. In dieser Kategorie fast ein Schnäppchen. *883 Zi. | 2-10-4 Toranomon | Minatoku | Tel. 35 82 01 11 | Fax 35 82 30 34 | www.okura.com | U-Bahn (H 05) Kamiyachō*

PARK HYATT TOKYO ❀ 🔊 [124 A6]

Beliebtes Hotel der Spitzenklasse in einem Hochhaus von Kenzō Tange. Auch bekannt als Filmschauplatz von „Lost in Translation". *178 Zi. und Suiten | 3-7-1-2 Nishi-Shinjuku | Shinjuku-ku | Tel. 53 22 12 34 | Fax 53 22 12 88 | http://tokyo.park.hyatt. com | S-Bahn (Yamanote), U-Bahn (M 08) Shinjuku*

■ HOTELS €€

ANA INTERCONTINENTAL TOKYO ★ ❀ 🔊 [119 F3]

Das Hotel, 1986 eröffnet, gehört zu einem riesigen Gebäudekomplex, der die Suntory-Halle einschließt, eine der schönsten Konzerthallen Tokios. Die Nightclub-Viertel Roppongi und Akasaka liegen in Spaziergangnähe. *844 Zi. | 1-12-33 Akasaka | Minato-ku | Tel. 35 05 11 11 | Fax 35 05 11 55 | www.anaintercontinental-tokyo.jp/e/ | U-Bahn (N 06, G 06) Tameike-Sannō*

> **Insider Tipp**

ASAKUSA VIEW HOTEL 🔊 [127 E2]

Wer eine elegante Unterkunft im alten Teil Tokios sucht, ist hier richtig. Eine besondere Attraktion ist der ❄ 20-m-Pool im Fitnesssbereich im 5. Stock mit Ausblick auf das traditionelle Viertel. *337 Zi. | 3-17-1 Nishi-Asakusa | Taitō-ku | Tel. 38 47 11 11 | Fax 38 42 21 17 | www. viewhotels.co.jp/asakusa | U-Bahn (G 18) Tawaramachi, Tsukuba Express Line Asakusa*

KEIO PLAZA HOTEL [128 A5]

Bewährtes Hotel, direkt neben dem Rathaus gelegen und nur wenige Gehminuten vom Bahnhof Shinjuku entfernt. Das Preis-Leistungs-Verhältnis ist sehr gut. *1450 Zi. | 2-2-1 Nishi-Shinjuku | Shinjuku-ku | Tel. 33 44 01 11 | Fax 33 45 82 69 | www.keioplaza.com/index.html | U-*

Bahn (M 08), S-Bahn (Yamanote) Shinjuku

SHIBUYA EXCEL HOTEL TOKYU 🔊 [128 B4]

An der Preisobergrenze für diese Kategorie. Doch gute Lage direkt am Shibuya-Bahnhof. *183 Zi. | Shibuya Mark City Building | 1-12-2 Dogenzaka | Shibuya-ku | Tel. 54 57 01 09 | Fax 54 57 03 09 | www. tokyuhotelsjapan.com/en/ | S-Bahn (Yamanote), U-Bahn (Z 01, G 01) Shibuya*

SUIGETSU HOTEL
ŌGAI-SŌ (WI) ⭐ [126 C2]

Direkt am Ueno-Park gelegen. Gratisnutzung der beiden Bäder mit heißen Quellen beim Hotel. Tipp: Tatami-Zimmer mit Blick auf den Garten von Ōgai Mori, einem Arzt und Schriftsteller aus der Meiji-Zeit. *45 Zi. |*

MARCO POLO HIGHLIGHTS

⭐ **Hotel New Koyo**
Billiger kann man wohl kaum übernachten (Seite 96)

⭐ **Hotel Okura Tokyo**
Luxushotel mit Topservice zum fairen Preis (Seite 92)

⭐ **ANA Intercontinental Tokyo**
Internationaler Standard, gut gelegen für Nachtschwärmer (Seite 92)

⭐ **Suigetsu Hotel Ōgai-sō**
Preiswerte Tatami-Zimmer in Ueno-Park-Nähe (Seite 93)

⭐ **Hotel Sunroute Plaza Shinjuku**
Businesshotel der gehobenen Klasse (Seite 94)

⭐ **Yamanoue (Hill-Top) Hotel**
Bei japanischen Kreativen beliebt (Seite 95)

⭐ **Annex Katsutaro Ryokan**
Preiswerter, modern ausgestatteter Ryokan (Seite 95)

⭐ **Asia Center of Japan**
Günstig und gut gelegen (Seite 96)

⭐ **Sakura Hotel**
Gute Lage, günstig und nette Atmosphäre (Seite 96)

⭐ **Sawanoya**
Tatami-Zimmer mit Familienanschluss (Seite 96)

3-3-21 Ikenohata | Taitō-ku | Tel. 38 22 46 11 | Fax 38 23 43 40 | *www.ohgai.co.jp/e/index.html* | U-Bahn (C 14) Nezu, S-Bahn (Yamanote) Ueno

HOTEL SUNROUTE PLAZA SHINJUKU ⭐ 🛜 [124 B6]

2007 wurde das Hotel Sunroute Plaza Shinjuku nach einem Neubau wiedereröffnet. Das klassische Businesshotel der oberen Kategorie liegt nur wenige Minuten vom Bahnhof Shinjuku entfernt. Weiterer Pluspunkt: Das Personal ist im Umgang mit Ausländern erfahren. *624 Zi. | 2-3-1 Yoyogi | Shibuya-ku | Tel. 33 75 32 11 | Fax 53 65 41 10 | www.sunroute.jp | U-Bahn (M 08), S-Bahn (Yamanote) Shinjuku*

> LUXUSHOTELS

Exzellenter Service, exklusives Ambiente

CONRAD TOKYO 🍽 🛜 [130 B3]

Im 28. bis 37. Stock des Tokyo Shiodome Tower. Hier harmoniert klassische Eleganz mit japanischen Designelementen. 290 Zi. und Suiten, ab ca. 350 Euro. *1-9-1 Higashi-Shimbashi | Minato-Ku | Tel. 63 88 80 00 | Fax 63 88 80 01 | www.conradtokyo.co.jp | U-Bahn (E 19) Shiodome*

FOUR SEASONS HOTEL TOKYO AT MARUNOUCHI 🍽 🛜 [130 C1]

Exklusives Ambiente, sehr große Zimmer, exzellenter Service, direkt am Bahnhof Tokio. 57 Zi. und Suiten, ab ca. 385 Euro. *Pacific Century Place | 1-11-1 Marunouchi | Chiyoda-ku | Tel. 52 22 72 22 | Fax 52 22 12 55 | www.fourseasons.com/marunouchi | U-Bahn (M 17), S-Bahnen Tokyo*

GRAND HYATT TOKYO 🍽 🛜 [129 E4]

Im Roppongi-Hills-Komplex. Das lebhafteste der Luxushotels hat 389 Zimmer und Suiten, ab ca. 300 Euro. *6-10-3 Roppongi | Minato-ku | Tel. 43 33 12 34 | Fax 43 33 81 23 | www.tokyo.grand.hyatt.com | U-Bahn (H 04, E 23) Roppongi*

MANDARIN ORIENTAL TOKYO 🍽 🛜 [126 C6]

Unweit vom Business- und Finanzviertel gelegen. Mit elegantem Interieur und exzellentem Service. 157 Zi. und 22 Suiten, ab ca. 365 Euro. *2-1-1 Nihonbashi | Marunouchi | Chuo-ku | Tel. 32 70 88 00 | Fax 32 70 88 86 | www.mandarinoriental.com/tokyo/ | U-Bahn (Z 09) Mitsukoshimae*

THE PENINSULA TOKYO 🍽 🛜 [130 B2]

Schwester des Hongkonger Nobelhotels, in Kaiserpalastnähe. Hier fehlt es an gar nichts, selbst ein Heliport auf dem Dach ist vorhanden. 314 Zi., darunter 47 Suiten, ab ca. 400 Euro. *1-8-1 Yurakucho Chiyoda-ku | Tel. 62 70 28 88 | Fax 62 70 20 00 | http://tokyo.peninsula.com | U-Bahn (I 08, C 09, H 07) Hibiya*

THE RITZ-CARLTON 🍽 🛜 [129 E3]

Superluxuriös! 248 Zimmer und Suiten vom 45. bis 53. Stock im Midtown-Komplex in Roppongi, ab ca. 470 Euro. *Tokyo Midtown | 9-7-1 Akasaka | Minato-ku | Tel. 34 23 80 00 | Fax 34 23 80 01 | www.ritzcarlton.com | U-Bahn (H 04, E 23) Roppongi*

Im Wolkenkratzerkomplex Roppongi Hills: Sky Lounge des Luxushotels Grand Hyatt Tokyo

HOTEL VILLA FONTAINE [129 F3]

Das Hotel in Roppongi ist nicht nur etwas für Nachtschwärmer. Elegant, mit einem guten Preis-Leistungs-Verhältnis gehört es in dieser Klasse zu den Besten. *190 Zi. | 1-6-2 Roppongi | Minato-ku | Tel. 35 60 11 10 | Fax 35 60 13 88 | www.hvf.jp | U-Bahn (N 05) Roppongi-itchōme*

YAMANOUE (HILL-TOP) HOTEL ⭐ 📶 [126 B4]

Hotel mit eigenwilligem Charme: Die Zimmereinrichtung erinnert an das Japan der 50er-Jahre. Gute Küche, ausgezeichneter Service. *75 Zi. | 1-1 Kanda Surugadai | Chiyoda-ku | Tel. 32 93 23 11 | Fax 32 33 45 67 | www. yamanoue-hotel.co.jp | U-Bahn (S 06, I 10, Z 07) Jimbōchō*

■ HOTELS €

ANDON RYOKAN (WI) [133 E2]

Moderne und Tradition verbinden sich optimal auf engstem Raum. 24 kleine Zimmer mit Laptop-Anschluss, TV und DVD-Spieler, Dusche und Toilette auf allen Stockwerken. Raucher müssen auf die Miniterasse. Rund 30 Minuten zur Ginza, dafür konkurrenzlos günstig. *2-34-10 Nihonzutsumi | Taitō-ku | Tel. 38 73 86 11 | Fax 38 73 86 12 | www. andon.co.jp | U-Bahn (H 19) Minowa*

ANNEX KATSUTARO RYOKAN (WI) ⭐ [133 E2]

Der 2001 eröffnete Ryokan im Stadtteil Yanaka bietet geräumige Tatami-Matten-Zimmer mit Bad, Baumwollkimonos, Internetanschluss für den Laptop sowie Internetservice in der Lobby. Preiswert ist das Schmuckstück auch noch. Geeignet für Einzelreisende, Familien oder Gruppen – das größte Zimmer ist für sechs Personen. *17 Zi. | 3-8-4 Yanaka | Taitō-ku | Tel. 38 28 25 00 | Fax 38 21 54 00 | www.katsutaro.com | U-Bahn (C 15) Sendagi*

ASIA CENTER OF JAPAN (AJIA KAIKAN, WI) [129 E2]

Zentrale, aber ruhige Lage, kleine, spartanisch eingerichtete Zimmer (manche mit eigenem Bad). Das Personal ist ausländererfahren. Sehr gutes Preis-Leistungs-Verhältnis. *172 Zi. | 8-10-32 Akasaka | Minato-ku | Tel. 34 02 61 11 | Fax 34 02 07 38 | www.asiacenter.or.jp | U-Bahn (Z 03, G 04) Aoyama-Itchōme*

HOLIDAY INN TOBU NARITA [0]

Insider Tipp

Bei frühem Rückflug empfiehlt sich eine Übernachtung am Narita-Flughafen. Sehr empfehlenswert, weil gutes Preis-Leistungs-Verhältnis. Hotelbus von und zum Flughafen. *489 Zi. | 320-1 Tokko | Narita, Chiba | Tel. 0476/32 12 34 | Fax 32 06 17 | www. ichotelsgroup.com/h/d/hi/1/en/hotel/ narja | U-Bahn (Y 04, M 26), S-Bahn (Yamanote) Ikebukuro*

>LOW BUDGET

> Der Pionier unter den Backpacker-hotels ist das empfehlenswerte Hotel New Koyo. *76 Räume ab 22 Euro* | [133 E2] *2-26-13 Nihon-zutsumi | Taitō-ku | Tel. 38 73 03 43 | Fax 38 73 13 58 | www.newkoyo.jp | U-Bahn (H 19) Minowa*

> Sehr touristenfreundlich sind Welcome Inns (WI), kleinere Ryokan, Pensionen und Hotels mit günstigen Übernachtungen *(www.itcj.jp)*.

> Über Hotelanbieter im Internet bekommen Sie oft bessere Angebote als auf den Websites der Hotels, z.B. bei *www.asiarooms.com/japan/ index.html, stayat.jp* oder bei *www.japanican.com/hotels/*.

KIMI RYOKAN (WI) [133 E2]

Nur wer lange vorher bucht, hat Chancen, hier zu nächtigen. Die 42 Tatami-Zimmer sind winzig, aber sehr sauber und kosten ca. 33 Euro pro Person. Die Atmosphäre ist prima. Problem: die versteckte Lage. *2-36-8 Ikebukuro | Toshima-ku | Tel. 39 71 37 66 | Fax 39 87 13 26 | www. kimi-ryokan.jp | U-Bahn (Y 09, M 25), S-Bahn (Yamanote) Ikebukuro (Westausgang)*

SAKURA HOTEL (WI) [126 B4]

Mit einem Preis von ca. 73 Euro für die kleinen, aber sauberen Doppelzimmer in dieser zentralen Lage wohl konkurrenzlos. Je zwei Toiletten und Duschen auf den Stockwerken. Alle Zimmer mit Internetverbindung (Lan-Karte!). Für Familien empfehlen sich die Dormitory-Zimmer mit zwei Doppelstockbetten, pro Person ca. 33 Euro. Lockere Atmosphäre, Internetcafé. *2-21-4 Kanda-Jimbōchō | Chiyoda-ku | Tel. 32 61 39 39 | Fax 32 64 27 77 | www.sakura-hotel.co.jp | U-Bahn (S 06, I 10, Z 07) Jimbōchō*

SAWANOYA (WI) [126 C1]

Zwölf Tatami-Zimmer bei Familie Sawa. Pulverkaffee und Infos umsonst, Frühstück extra. Zwei Zimmer haben eigenes Bad (pro Person ca. 44 Euro), die anderen Gemeinschaftsbad. *2-3-11 Yanaka | Taitō-ku | Tel. 38 22 22 51 | Fax 38 22 22 52 | www. sawanoya.com | U-Bahn (C 14) Nezu*

■ APARTMENTS & BACKPACKERHOTELS

AZABU COURT [129 D5]

Beliebtes und preiswertes Hotel-Apartment mit 15 Einheiten. Je länger man bleibt, desto billiger. Übernachtung (Large Studio) ab ca. 100 Euro. Früh reservieren! *4-5-39 Minami-Azabu | Minato-ku | Tel. 34 46 86 10 | Fax 34 42 33 44 | www.;azabucourt.com/ | U-Bahn (H 03) Hiroo*

KHAOSAN TOKYO [127 F2]

Backpackerhotel mit klasse Lage in Asakusa direkt am Sumida-Fluss. 35

Nihon-zutsumi | Taitō-ku | Tel. 38 71 27 89 | www.tokyo-backpackers.jp | U-Bahn (H 20), S-Bahn (JR-Joban) Minami-senju

TOKYO YOYOGI YOUTH HOSTEL [128 A1]

60 Zimmer auf dem Gelände des Olympiadorfes von 1964, Teil des Olympic Youth Centers, direkt neben dem Yoyogi-Park. Die Zimmerräu-

Tatami-Zimmer sind oft preiswert und familiär, aber immer stilecht traditionell japanisch

Schlafplätze, im Vier-Bett-Zimmer ca. 20 Euro. *2-1-5 Kaminarimon | Taito-ku | Tel. 38 42 82 86 | www.khaosan-tokyo.com | U-Bahn (G 19, A 18) Asakusa*

TOKYO BACKPACKERS [133 E2]

2005 eröffnetes Hotel mit fünf Mehrbettzimmern, auch für Familien geeignet. Schlafplatz ca. 19 Euro. *2-2-2*

mung zwischen 9 und 17 Uhr wird nicht allzu streng durchgesetzt. Cafeteria und Waschmaschinen im Center. Lange vorher buchen. Check-in 17–22 Uhr, ca. 27 Euro pro Person. *3-1 Kamizonochō | Shibuya-ku | Tel. 34 67 91 63 | Fax 34 67 94 17 | www.jyh.or.jp | S-Bahn (Odakyū-Linie) Sangūbashi, U-Bahn (C 02) Yoyogi-Kōen*

WO PRINZENTOCHTER AIKO SPIELT

Viel Abwechslung für Familien mit Kids – vom meistbesuchten Vergnügungspark der Welt bis zum Anime-Fanshop

> Japaner sind ausgesprochen kinderfreundlich. Vorsichtshalber sollten Eltern ihren Kindern ein Zettelchen mit der japanischen Adresse und der Telefonnummer ihrer Unterkunft mitgeben.

NAMJA TOWN [133 E2]

Vergnügungspark mit kulinarischen Abenteuern. In der Ice Cream City gibt es Eis in den verrücktesten Geschmacksrichtungen. Dazu eine Geisterbahn, ein Game Center und weitere Attraktionen. Eltern können währenddessen Entspannungsmassagen genießen. *Tgl. 10–22 Uhr | Zugang Erwachsene 300 Yen, Kinder 200 Yen, Tagespass für 14 Attraktionen: Erwachsene 3900 Yen, Kinder 3300 Yen, Abendpass (ab 17 Uhr): Erwachsene: 2500 Yen, Kinder: 2000 Yen | Sunshine City World Import Market Bldg 2, 3F | 3 Ikebukuro | Toshima-ku | S-Bahn (Yamanote) Ikebukuro*

NATIONAL CHILDRENS CASTLE [128 C3]

Hier hat auch schon Aiko, die Tochter des Kronprinzenpaars, gespielt und musiziert.

Vor allem an Regentagen super. Die Kinder können hier schwimmen (Extragebühr), turnen, basteln oder musizieren. *Di-Fr 12.30–17.30, Sa, So, Feiertage 10–17.30 Uhr | Eintritt 500 Yen, 3- bis 17-Jährige 400 Yen, darunter frei | 5-53-1 Jingumae | Shibuya-ku | www.kodo mono-shiro.or.jp/english/ | U-Bahn (C 04, Z 02, G 02) Omotesandō*

TAMA-ZOO [132 C3]

Besondere Attraktionen im 52300 km² großen Zoo sind das Löwenfreigehege (Fütterungstour im Bus), die Giraffen, die Koalabären und das große Schmetterlingshaus. *Do-Di 9.30–17 Uhr, geschl. 29. Dez.–1. Jan. | Eintritt 600 Yen, 13- bis 15-Jährige 200 Yen, darunter frei | 300 Hodokubo | Hino-shi | www.tokyozoo. net/english | Keiō-Bahn (1 Std. Fahrt von Shinjuku) Tamadōbutsukōenmae*

TOKYO ANIME CENTER [117 D4]

Das Mekka für Animefans. Der Fanshop bietet jede Menge Sonderausgaben, die sonst schwer zu bekommen sind. Das

> MIT KINDERN UNTERWEGS

3D-Kino (Vorführungen unregelmäßig) und die Anleitung für die Nachvertonung kleiner Animesequenzen gibt es leider nur auf Japanisch. *11–19 Uhr, monatlich wechselnde Ruhetage | Eintritt frei | Akihabara Crossfield/Akihabara UDX 4F | 4-14-4 Sotokanda | Chiyoda-ku | www.animecenter.jp/eng/ | S-Bahn (Yamanote, Sobu) Akihabara*

TOKYO DISNEY RESORT [133 F3]

Die beiden Themenparks Disneyland und DisneySea sind an einem Tag nicht zu schaffen. Deshalb optieren die meisten Eltern für *Disneyland*, den meistbesuchten Vergnügungspark der Welt. Besonders beliebte Attraktionen: die Achterbahn *Big Thunder Mountain* und die Bootsfahrt *Jungle Cruise*. Meiden Sie Wochenenden und die Ferienzeit Mitte Juli bis Ende August. Das gilt auch für *DisneySea* mit seinen Shows und rund 40 Attraktionen, darunter der frei fallende Aufzug im *Tower of Terror* oder die Indiana-Jones-Abenteuerfahrt. *Meist 9–22 Uhr, manchmal 10–20 oder 9–19 Uhr | www.tokyodisneyresort.co.jp/ | Tagespass für beide jeweils 5800 Yen, 12- bis 17-Jährige 5000 Yen, 4- bis 11-Jährige 3900 Yen | 1-1 Maihama | Urayasu-shi | Chiba-ken | S-Bahn (Keiyō ab Tokio Hbf.) Maihama*

TOKYO SEA LIFE PARK [133 E3]

Das Aquarium des Tokyo Sea Life Park im Kasai-Rinkai-Park ist größer als alle Aquarien Mitteleuropas *(Do–Di 9.30–17 Uhr, 29. Dez.–1. Jan. geschl. | Eintritt 700 Yen, 13- bis 15-Jährige 250 Yen, darunter frei | www.tokyo-zoo.net/german/index. html)*. Auch der Vogelpark nebenan mit einem Süß- und einem Salzwassersee ist einen Spaziergang wert *(tgl. 9.15–16.30 Uhr | Eintritt frei)*. Megaattraktion im Stadtpark, der zum Picknick einlädt, ist das ❄ Riesenrad *(tgl. 10–19.40 oder 10–20.40 Uhr | Eintritt ab 3 Jahre 700 Yen). Kasai Rinkai Kōen | 6-2-3 Rinkaichō | Edogawa-ku | www.tokyo-park.or.jp/ english/ | S-Bahn (Keiyō-Linie ab Tokio Hbf.) Kasai-rinkai-kōen oder Wasserbus ab Takeshiba-Pier*

> WASSER UND ZUKUNFTSMUSIK

Das traditionelle Tokio vom Schiff aus – und futuristische Wege auf der künstlichen Insel Odaiba

Die Spaziergänge sind auf dem hinteren Umschlag und im Cityatlas grün markiert

1 DURCH TOKIO SCHIPPERN

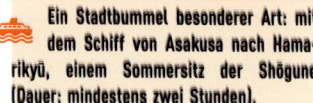

Ein Stadtbummel besonderer Art: mit dem Schiff von Asakusa nach Hama-rikyū, einem Sommersitz der Shōgune (Dauer: mindestens zwei Stunden).

Beginnen Sie an einem Vormittag mit dem Asakusa-Kannon-Tempel *(S. 29)*, dem Zentrum der alten Bürgerstadt. Gehen Sie dann zur Kotodoi-Dōri, der Sie nach rechts folgen. Bald

stoßen Sie auf den Sumida-Park am gleichnamigen Fluss. Besonders schön ist es hier im Frühling zur Kirschbaumblüte. Ein Stück flussauf-wärts führte zur Edo-Zeit ein Kanal ins Rotlichtviertel Yoshiwara. Heute haben Obdachlose hier ihre Ver-schläge aus Plastikplanen aufgebaut. Zum Fähranleger geht's rechts herum. Das riesige goldene Horn am Ufer gegenüber – es symbolisiert eine Flamme – entwarf der französische

Bild: Rainbow Bridge

STADT
SPAZIERGÄNGE

Designer Philippe Starck für die Asahi-Brauerei.

Lösen Sie am Kartenschalter an der Azuma-Brücke bis Hamarikyū *(ca. 6 Euro)*. Elf weitere Brücken unterquert das Boot, das Sie besteigen. Zunächst präsentiert die Metropole ihre Hinterhofseite: Fabrikgebäude und Lagerhallen. Ertönen aus dem Bordlautsprecher Trommelklänge, schauen Sie nach links: Dort steht die **Kokugikan-Halle**, die Arena der Sumo-Ringer. Zwei Brücken weiter stellt eine Statue linker Hand Basshō dar, Japans berühmtesten Haiku-Dichter. Zu seiner Zeit, im 17. Jh., war hier noch offenes Meer, und die Wellen schwappten über die heutige Ginza fast bis an den Kaiserpalast.

Nach der **Eitaibashi-Brücke** teilt sich der Wasserweg, und die Fähre schlägt eine Rechtskurve ein. Links ragt die **River City 21** auf, ein Ende des vergangenen Jahrhunderts entstandenes

Wohnviertel mit Hochhäusern und Parkanlage. Auf der gegenüberliegenden Seite sieht man in der Ferne das Wolkenkratzerviertel **Shiodome**. Hier residieren u.a. Dentsu, die größte Werbeagentur der Welt, die Nachrichtenagentur Kyodo und der private Fernsehsender NTV. Die Endstation nähert sich. Doch bevor der „Wasserbus" schließlich auf die grüne Oase **Hamarikyū-Garten** *(S. 44)* am Sumida-Fluss zugleitet, sind rechter Hand – je nach Tageszeit – noch die letzten Arbeiter auf dem Tokioter **Fischmarkt** *(S. 46)* zugange.

Vom Park gehen Sie zehn Minuten bis zur U- und S-Bahn-Station Shimbashi, oder Sie nehmen den Wasserbus bis Hinode-Pier und steigen dort in die Yurikamome-Linie um.

2 PER COMPUTERBAHN IN DIE ZUKUNFT

Welches Ausflugsziel in der Metropole zieht durchschnittlich pro Jahr über 20 Millionen Besucher an? Disneyland? Falsch. Odaiba. Die Kunstinsel in der Bucht von Tokio gleicht einem Erlebnispark. Eintritt: gratis.

Ausgangspunkt ist **Shimbashi**. Lösen Sie eine Tageskarte für die Yurikamome-(Seemöwen-)Linie. Das Ziel ist **Odaiba** *(S. 44)*, eine künstliche Insel, gerade mal vier Kilometer südöstlich vom Bahnhof Tokio gelegen. Auf der Höhe der **Rainbow Bridge** zieht die computergesteuerte „Seemöwe" eine elegante Schleife und gibt immer neue ==Ausblicke auf die beeindruckende Brückenarchitektur== frei, bevor sie auf das 798 m lange Bauwerk einschwenkt. Fahren Sie bis zur ersten Inselstation **Odaiba Kaihin Kōen**

Insider Tipp

(Odaiba Seaside Park), und spazieren Sie den künstlichen Sandstrand entlang zum Bahnhof **Daiba**. Das futuristische Gebäude mit der silbrig schimmernden Riesenkugel linker Hand ist einem Großbildschirm nachempfunden und beherbergt Fuji-TV. Kamera bereithalten: Wenn die in Haneda startenden oder landenden Flugzeuge hinter dem Bau vorüberfliegen, gibt das einen verblüffenden Schnappschuss! Krönen Sie Ihren kleinen Fußmarsch mit einer Rast im eleganten **Nikkō-Hotel**. Sein Café gewährt einen Ausblick auf die Brücke.

Ab Daiba fahren Sie nun eine Station bis **Fune no Kagakukan**, „Schifffahrtsmuseum". Es hat die Form eines Ozeandampfers. Oder Sie fahren bis **Telecom Center**, Haltestelle für das Museum für Zukunftstechnik. Im **National Museum of Emerging Science and Innovation** *(Mi–Mo 10–17 Uhr | Eintritt 600 Yen | www.miraikan.jst.go.jp/en/)* wird von der Internationalen Raumstation bis zu Robotern Zukunftstechnik anschaulich, auch auf Englisch, präsentiert.

Einen Höhepunkt für abwechslungsreiche Freizeitgestaltung an der Waterfront hält die Station **Aomi** bereit: **Palette Town**, überragt von einem Riesenrad, mit 115 m eines der größten der Welt *(ca. 7 Euro)*. Zur Palette der Vergnügungen gehören die Konzerthalle **Zepp Tokyo** und **Tokyo Leasure Land**, ein Mix aus Spielsalon, Bowlingbahn und Karaokebar. Japanerinnen zieht es vor allem ins **Venus Fort**. Denn der 3. Stock beherbergt seit Ende 2009 die einzige Outlet Mall Tokios mit 49 Geschäften für die markenverliebten Schnäppchenjägerinnen der Hauptstadt. Auch in Stockwerk 1 (Venus

Family) und 2 (Venus Grand) darf eingekauft werden – zum Normalpreis. Im *Megaweb,* dem supermodernen Showroom von Toyota, werden Touren mit Elektrowagen

Welt. Zwischen 17 und 18 Uhr sollten sie wieder in Odaiba am Kunststrand sein – rechtzeitig zum Sonnenuntergang. Dann präsentieren sich die Rainbow Bridge und die Skyline

Gigantisch: Die neue Kongresshalle Big Sight besteht aus vier kopfstehenden Pyramiden

(ca. 3,50 Euro) und Hybrid-Gokart angeboten. Nächstes Ziel ist – zu Fuß quer durchs Gelände oder per Bahn – **Big Sight**, die neue Kongresshalle. Das Ensemble aus vier auf den Kopf gestellten Pyramiden ist einfach gigantisch und für an moderner Architektur Interessierte ein absolutes Muss. Am Kai von Big Sight legen Fähren ab, die Sie in 35 Minuten nach **Kasai Rinkai Kōen** bringen. Der **Tokyo Sea Life Park** *(S. 99)* ist eine Freizeitanlage mit einem der schönsten Aquarien der

von Tokio als atemberaubendes Motiv. Zum Abschluss empfiehlt sich ein total entspannender Abstecher in die Vergangenheit. Im *Ōedo Onsen Monogatari,* einem Mix aus Badehaus und Themenpark, relaxt man in heißem Quellwasser und wird in die Zeit zurückversetzt, als Tokio noch Edo hieß. *Tgl. 11–9 (morgens!) Uhr | Eintritt ca. 26 Euro, ab 18 Uhr rund 18 Euro, nach 2 Uhr: plus ca. 15 Euro | 2-57 Aomi | Kōtō-ku | Yurikamome (Telecom Center)*

EIN TAG IN TOKIO

Action pur und einmalige Erlebnisse.
Gehen Sie auf Tour mit unserem Szene-Scout

BAGEL DICH WACH!

8:00

Bei *E-Street Bagels* einen kreisrunden Leckerbissen zum Mitnehmen erstehen. Welcher Bagel darf's denn sein? Die Classic-Variante mit Creamcheese und Salat oder die frisch-fruchtige Version mit exotischem Obst und Quark? Wer sich nicht entscheiden kann, knabbert an Muffins oder klassischen Scones. Lecker! **WO?** *3 Central Building 1F, 2-32-5 Kitasenzoku, Ota-ku | www.e-street.co.jp*

9:00

GIGANTEN

Jetzt wird's sportlich! Oder fast, denn mit den dicken Sumo-Sportlern im sogenannten *Arashio-beya* sollte man sich besser nicht anlegen. Vorerst reicht es aus, den Kolossen beim Morgentraining zuzusehen. **WO?** *2-47-2 Nihonbashi Hamacho, Chuo-ku | nur mit Anmeldung unter Tel. 53 28 40 30 | www.arashio.net | http://hisexperience.jp*

NIPPON FONDUE

13:30

Hungrig auf eine echte Spezialität? Beim japanischen Fondue im stylishen *Mo Mo Paradise* das gewünschte Gemüse, Fleisch und Gewürze auswählen und am Tisch garen. Shabu-shabu, Sukiyaki und Co. werden dann mit allen Sinnen genossen. Köstlich! **WO?** *Shibuya Beam, 6. Etage, 31-2 Udagawa-cho, Shibuya-ku | www.humaxasia.com.tw/momo*

14:00

REGIERUNGS-ANSICHTEN

Mit der „Tocho"-Tour geht es durch die Regierungsgebäude Tokios: Von neuen Kunst-Talenten des Tokyo Wonder Wall bis zum Stadtparlament im Metropolitan Assembly Building. Zum Schluss gibt es den gigantischen Überblick vom Observatory im 45. Stock im Metropolitan Government Building (Rathaus). Die Guides sind allesamt Freiwillige, die Teilnahme ist gratis. **WO?** *Startpunkt: Tokyo Tourist Information Center im Tokyo Metropolitan Government Building Shinjuku*

24 h

DANCE REVOLUTION! 16:00

Tanzen mal anders! Bei *Dance Dance Revolution* ist der Trainer ein Computerspiel! Auf die elektronisch gesteuerte Tanzmatte wagen und versuchen, möglichst schnell und im Takt auf die aufleuchtenden Felder auf dem Boden zu treten. Superlustig und macht fit! **WO?** *Shibuya Kankai, Setagaya, Shibuya-ku*

18:00 ART & RELAX

Loslassen ist das Motto! Im *Center for Arts and Wellness* wird auf allen Ebenen entspannt. Meditations- und Atemübungen, Ölmalerei, Kalligrafie und Tanz – kunstvoller relaxen geht nicht! **WO?** *Center for Arts and Wellness, Apartment 30 13-20-15 Tsurumaki, Setagaya-ku | Anmeldung unter Tel. 54 50 85 22 | Kosten: Privatkurs 63 Euro/Std. | www.arts-wellness.com*

FUSION-DINNER 20:00

Best of Asia! Im *Tibet Tibet* trifft beste tibetische Küche auf Spezialitäten der gesamten südostasiatischen Cuisine. Serviert wird das Menü in clean-puristischem Ambiente. Statt Tokioter Hektik gibt's hier manchmal Livemusik. **WO?** *Nice Building 2F, 5-29-9 Daizawa, Setagaya-ku | Tel. 54 33 15 65*

22:00 NIGHTLIFE-HOPPING

Raus in die Nacht! Der Abend beginnt bei *Karaoke-Kan* (Foto) in Shibuya, wo schon Scarlett Johansson und Bill Murray in „Lost in Translation" feierten. Danach geht es weiter ins *Genius* mit Bar, Dancefloor und stylisher Loungeecke. **WO?** *Karaoke-Kan: K & F Building, 30-8 Udagawa-cho, Shibuya-ku | www.karaokekan.jp | Genius: 646 Building, 6-4-6 Ginza, Chuo-ku | www.genius-tokyo.co.jp*

> HEILIGER BERG UND PRUNKVOLLE VERGANGENHEIT

Aufstieg auf den Fuji-san, heiße Quellen, Tempelschmuckstücke und der Prachtschrein des Shōgun

1 FUJI-SAN

[0] Eine ⭐ *Fuji-Besteigung* erfordert einen Zwei-Tages-Ausflug. Die Tour ist nur im Juli und August anzuraten, da nur dann die Berghütten geöffnet sind und die genannten Verkehrsverbindungen bestehen.

Der heilige Vulkan liegt rund 120 km von Tokio entfernt. Früher Ziel von Pilgergruppen, die der Baumblütenprinzessin, der Fuji-Göttin, huldigten, zählt der Aufstieg nun zu den beliebtesten Sommerattraktionen für in- und ausländische Touristen getreu dem japanischen Sprichwort: Einmal im Leben muss man den Fuji besteigen, zum zweiten Mal tut's nur ein Narr!

Die Anfahrt erfolgt entweder über Autobahnbusse (Chūō-kōsoku) der Firmen Fujikyū und Keiō, die vom Busbahnhof am Westausgang des

Bild: Blick auf den Fuji vom Hakone-Nationalpark

AUSFLÜGE & TOUREN

Shinjuku-Bahnhofs [124 B5] abends bis zur 5. Fuji-Station (über 2000 m hoch) verkehren. Oder Sie nehmen ab Shinjuku die Bahn (Chūō-Linie) nach Ōtsuki [132 A3], von dort die Fujikyū-Linie bis Kawaguchiko und weiter den Berg hoch per Fuji-Bus. Die Anfahrt mit Bus und Bahn bis zur 5. Station dauert ca. drei Stunden.

Der Aufstieg erfolgt über die Nordflanke. Alpine Fähigkeiten sind nicht nötig, wohl aber ein belastbarer Kreislauf, feste Schuhe und warme Regenkleidung, denn auf dem 3776 m hohen Vulkangipfel – der letzte Ausbruch war übrigens 1776 – kann es auch noch im Hochsommer empfindlich kalt werden. Von der 5. Station aus braucht man für den Aufstieg – je nach Kondition – vier bis sechs Stunden.

Wer auf dem Gipfel übernachten will, sollte sich frühzeitig einen Schlafplatz in einer der Hütten sichern *(rund 40 Euro | mit Abendessen ca. 49 Euro | www.city.fujiyoshida. yamanashi.jp/div/english/html/index. html)*. Um 5 Uhr sollte man am Krater sein – zum Sonnenaufgang. Einsam wird es dort oben nicht sein: Denn 500 000 Japaner pro Jahr stürmen den heiligen Gipfel.

2 HAKONE

Ein Eintagesausflug zum See Ashi-noko **[132 A5–6]** im Hakone-Gebiet – rund 50 km von Tokio entfernt – bietet vielfältige Natureindrücke und einen tollen Blick auf den Vulkankegel des Fuji-san. Dabei enthebt Sie der Hakone Free Pass aller Organisations-probleme.

Der Pass umfasst Hin- und Rückfahrt, Bergbahn, Gondelbahn (Dezember bis Mai: Bus), Schiff und Bustransfer. Erhältlich ist er an den Schaltern der Odakyū-Bahn am Bahnhof Shinjuku **[124 B5]**.

Am beliebtesten ist folgende Route: Ab **Hakone [132 A6]** geht es mit der Bergbahn nach **Gōra [132 B5]**, von dort mit der **Seilbahn** auf den Berg **Sōunzan** (1137 m) und weiter über die brodelnden Schwefelquellen der Ōwakudani-Schlucht bis **Tōgendai**, dann mit dem Schiff quer über den See **Ashinoko** nach **Moto-Hakone**. Danach fahren Sie entweder per Bus nach **Odawara [132 B5]** und zurück nach Tokio, oder Sie entscheiden sich für eine Übernachtung, die man freilich besser im Voraus bucht *(Infos beim TIC | Tel. 32 01 33 31)*.

Die sieben Badeorte mit heißen Quellen im Hakone-Gebiet wurden schon zur Edo-Zeit frequentiert. In der Zollstation an der alten Tōkaidō-Straße, die einst Edo mit Kyoto verband, wurden die Reisenden von 1619 bis 1869 gründlich kontrolliert.

Brodelnde Schwefelquellen: Bei Hakone sieht man das Erdinnere rumoren

AUSFLÜGE & TOUREN

Der restaurierten Zollstation ist ein kleines Museum angegliedert. Folgt man der zederngesäumten Tōkaidō Richtung Moto-Hakone, liegt linkerhand das malerische rote *torii* des **Hakone-Schreins**. Wer gut zu Fuß ist, kann von Moto-Hakone aus auf dem Kopfsteinpflaster der Tōkaidō bis **Hakone-Yumoto** wandern (ca. 90 Minuten, es geht jedoch stetig abwärts). Die Alternative: ein Museumsbesuch in Moto-Hakone. Das **Narukawa Museum** hat sich auf Nihonga spezialisiert, Gemälde im japanischen Stil. Diese Richtung entstand in der Meiji-Zeit *(tgl. 9–17 Uhr | Eintritt ca. 11 Euro | 570 Moto-Hakone | Hakone-machi | Kanagawa-ken | www.narukawamuseum.co.jp/index_e.html)*.

Ein großes Freilichtmuseum – das **Hakone Open-Air Museum** *(tgl. 9–17 Uhr | Eintritt ca. 14 Euro | www.hakone-oam.or.jp)* – bei Gōra lockt außerdem mit Werken von westlichen Künstlern wie Leger, Moore, Picasso, Rodin sowie namhaften japanischen Bildhauern. Im Kurort **Miyanoshita [132 B5]** sollten Sie sich im **Fujiya-Hotel** einen Kaffee, besser noch einen *five o'clock tea* gönnen, denn dies ist eine der ersten japanischen Herbergen im westlichen Stil, 1878 eröffnet. Eine Übernachtung dort verspricht einen Rundumgenuss, denn das Hotel wird auch mit Wasser aus einer heißen Quelle versorgt. Achtung: Es gibt einen Sonderpreis für Ausländer an Wochentagen (außer in den Neujahrsferien, Anfang Mai und Mitte August). Er beträgt das Alter des Hotels in US-Dollar! Eine Reservierung ist unbedingt erforderlich. *359 Miyanoshita | Hakone-machi | Ashigarashimo-gun | 250-0404 Kanagawa | Tel.* *046 82 22 11 | Fax 046 82 22 10 | www.fujiyahotel.jp/english/index.html*

3 KAMAKURA

[132 C5] Die historische Hauptstadt ist vom Hauptbahnhof Tokio aus mit der Yokosuka-Linie (Gleis 1, unterirdisch) in gut einer Stunde erreichbar.

Das malerische Städtchen an der Sagami-Bucht (170000 Ew.), das ca. 50 km von Tokio entfernt liegt, war 1192 bis 1333 politisches und militärisches Zentrum des Landes. 80 Tempel und Schreine – etliche zählen zu den schönsten Japans – sind beredte Zeugen jener glanzvollen Ära. *Stadtinfos: www.city.kamakura.kanagawa.jp/foreign01_english/index.html*

Steigen Sie in **Kita-Kamakura** aus. Hier liegt der 1282 gegründete Zen-Tempel **Engakuji**. Die Reliquienhalle Shariden aus dem Gründungsjahr ist das älteste Zen-Gebäude Japans. Sie birgt angeblich einen Zahn Buddhas. *Tgl. 8–16 Uhr | Eintritt 300 Yen*

Der größte Zen-Tempel am Ort ist der **Kenchōji**, erbaut 1253 für einen chinesischen Priester. Tor und Haupthalle wurden im 17. Jh. nach einem Brand im Stil der Song-Dynastie neu errichtet. *Tgl. 8.30–16.30 Uhr | Eintritt 300 Yen*

Das Hauptheiligtum der Stadt, der Schrein **Tsurugaoka Hachimangū**, ist dem als Kriegsgott verehrten Kaiser Ojin aus dem 3. Jh. geweiht. Zu Lebzeiten galt er jedoch als höchst friedfertig.

Einen beschaulicher Anblick bietet der ★ *Daibutsu (Große Buddha)*. Die 700 Jahre alte, 12 m hohe und 93 t schwere Bronzestatue – die zweitgrößte des Landes – stand einst in einer riesigen Tempelhalle, die jedoch 1295 von einer Flutwelle fortgerissen wurde. *Tgl. 7–17.30 Uhr | Eintritt 200 Yen*

Der wichtigste Schatz des nahen **Hase-Kannon-Tempels (Hasedera)** ist eine vergoldete Kampferholzstatue der Barmherzigkeitsgöttin Kannon. Sie ist die größte Holzskulptur in Japan und wurde angeblich im Jahr 721 von dem Mönch Tokudo geschnitzt. Neben einer traumhaften Aussicht auf Meer und Küste hat der Tempel noch eine Besonderheit zu bieten: Hunderte von Statuetten des Kindergottes Jizō. Jede kleine Statue verkörpert die Seele eines verstorbenen Kindes, in den meisten Fällen jedoch die eines abgetriebenen Fötus – Abtreibung ist in Japan eine stillschweigend geduldete Form der Familienplanung. *Tgl. 8–16.30 Uhr | Eintritt 300 Yen*

Sollte Ihre Geldbörse in Kamakuras Souvenirläden – Lackschnitzereien sind eine Spezialität des Ortes – schon geleert sein, wird ein Besuch im **Zeni-arai-Benten-Schrein** helfen. Wäscht man dort sein Geld im Quellwasser, das in einer Höhle am Schrein sprudelt, beginnt es angeblich, sich zu vermehren. *Tgl. 8–16.30 Uhr*

Kamakura lässt sich gut zu Fuß erkunden. Zu den am Stadtrand liegenden Tempeln **Zuisenji** und **Hōkokuji** nimmt man aber am besten ein Taxi. Der Zuisenji lockt mit dem schönsten Zen-Garten der Stadt, der Hōkokuji mit einem zauberhaften Bambushain. Wie die Japaner schwören, soll es hier bei Regenwetter am allerschönsten sein. *Beide tgl. 9–16 Uhr | Eintritt 200 Yen*

 [0] Der Eintagesausflug zum Welterbe führt zu den prunkvollsten Bauten der japanischen Architektur, dem Mausoleum eines Militärherrschers.

Los geht's am **Asakusa-Bahnhof** der Tōbu-Linie **[127 F2]**. Mit dem Superschnellzug *Spacia* sind die 130 km nach **Nikkō** in rund 2 Stunden erreicht. Ein beliebter Abstecher (2 Stunden) führt zum **Chūzenji-See** (Bus ab Bahnhof Nikkō).

Die Kleinstadt (25 000 Ew.) liegt nördlich von Tokio im **Nikkō-Nationalpark**. Eine Viertelstunde nur geht man vom Bahnhof zur Hauptattraktion, dem ⭐ **Tōshōgū-Schrein**. Mit diesem Prachtbau wollte Tokugawa Iemitsu seinem Großvater Ieyasu, dem ersten Tokugawa-Shōgun, ein Denkmal setzen. 1634 beorderte er über 15 000 Handwerker und Künstler aus ganz Japan hierher. Allein 2,5 Mio. Lagen Blattgold wurden in der Anlage verarbeitet. Die chinesisch inspirierte barocke Fülle der 22 Gebäude voller Schnitzereien und Bemalungen hat das japanische Sprichwort geprägt: „Sag nie prächtig, bevor du Nikkō gesehen hast".

Der Rundgang beginnt bei der rot lackierten **Shinkyō-Brücke**. Sie wurde 1636 für den Shōgun und sein hochgestelltes Gefolge errichtet. Eine Zedernallee führt zum Tempel **Rinnōji** (gegründet im 7. Jh.), in dessen Haupthalle der Buddha des westlichen Paradieses steht. Eine Steintreppe führt weiter zu einem Granittor, das einst nur die Vornehmen durchschreiten durften: Hier beginnt die Schreinanlage des **Tōshōgū**. Die

AUSFLÜGE & TOUREN

fünfstöckige Gojūnotō-Pagode in Rot und Gold trägt am untersten Stockwerk die zwölf Tiere des chinesischen Jahreszyklus. Am Tor Niō- oder Omote-mon betätigen sich zwei grimmige Deva-Könige als Tempelwächter. Der heilige Marstall im ersten Hof ist mit einem weltbekannten Ensemble geschmückt: mit den drei Affen, die nichts Böses hören, sehen noch sagen. Die Bronzelaterne im mittleren Hof war eine Gabe der niederländischen Regierung. Peinlicher Fehler: Das Malvenblätterwappen der Tokugawa steht auf dem Kopf.

Den Gipfel des Prunks bildet das Yōmei-mon, das Tor zum inneren Hof. Um durch seine Einzigartigkeit nicht den Neid der Götter heraufzubeschwören, haben die Erbauer absichtlich einen kleinen Schönheitsfehler eingeplant, denn eine der Säulenver-zierungen unterbricht die ansonsten makellose Symmetrie. Geradezu dezent und beruhigend dagegen wirkt das Tor Karamon in Gold und Weiß. Nach drei weiteren Bauwerken – der Gebetshalle Haiden, der Verbindungshalle und der Haupthalle Honden – gelangen Sie zu einem rot lackierten Wandelgang, der zum letzten berühmten Schnitzwerk führt: Es ist eine schlafende Katze, die so natürlich wirkt, dass die Mäuse angeblich lieber das Gelände meiden. Jenseits des reich geschnitzten Tores Sakashita-mon schreiten Sie über 207 Stufen zum Grabmal des Ieyasu. *Nov.–März tgl. 8–16, April–Okt. 8 bis 17 Uhr | Eintritt 1300 Yen*

Beste Reisezeit für Nikkō ist April bis Oktober (Laubfärbung). Im Winter dagegen wird es unangenehm kalt. *www.nikko-jp.org/english/index.html*

Beliebtes Ausflugsziel: der chinesisch inspirierte Tōshōgū-Schrein in Nikkō

> VON ANREISE BIS ZOLL

Urlaub von Anfang bis Ende: die wichtigsten Adressen und Informationen für Ihre Tokioreise

■ ANREISE ■

FLUGZEUG

Direktflüge von Frankfurt nach Tokio kosten mindestens 1000 Euro und dauern rund 11 Stunden. Flüge mit Stop-over in Asien, wie in Bangkok, Kuala Lumpur oder Hongkong, variieren im Preis stark. Japan Airlines *(www.jal.co.jp/yokosojapan/)* bietet Inlandsflüge für Japan-Reisende billiger an (müssen in Deutschland gebucht werden). Bei All Nippon Airways gibt es auch Sonderpässe.

Der internationale Flughafen Narita liegt rund 60 km östlich des Stadtzentrums. Taxis kosten ca. 210 Euro. *Airport-Limousinen-Busse* fahren in 70 Minuten zum City-Terminal in Hakozaki *(ca. 26 Euro | U-Bahnhof (Z 10) Suitengumae)* und zu den größeren Hotels. Fahrkarten an den Schaltern in der Ankunftshalle.

Narita Express (NEX): Diese Flughafen-Schnellbahn der Japan Railways fährt zum Bahnhof Tokio *(ca. 27 Euro)* und von dort weiter nach Shinjuku, Ikebukuro oder Yokohama. Sitzplätze für die Rückfahrt sollte man sich reservieren. Für Inhaber eines Japan-Rail-Passes (Infos über Verkaufsstellen: *http://jnto.de* – Stichwort Bahn) ist der NEX erste Gelegenheit, den Pass zu benutzen.

Skyliner: Diese private Schnellbahn braucht nur 36 Minuten bis Nippori *(ca. 22 Euro)*, nach Ueno

PRAKTISCHE HINWEISE

ein paar Minuten mehr. Weiter geht es mit S-Bahn oder U-Bahn. Bei wenig Gepäck empfehlenswert. Billiger, aber langsamer als der Skyliner sind die Schnellzüge der Keisei-Linie *(ca. 75 Minuten, um 9 Euro)*.

Inlandflüge landen auf dem stadtnahen Flughafen Haneda. Von dort mit der Einschienenbahn *(Monorail)* bis Hamamatsucho (weiter per Yamanote-S-Bahn) oder der Keihin-Kyūko-Linie bis Shinagawa. Die verbindet auch Haneda mit Narita in 123 Minuten. Taxis ins Zentrum kosten ca. 35 Euro. Staugefahr! Auch bei den Flughafenbussen, die in alle Stadtteile *(ca. 7 Euro)* und nach Narita *(ca. 26 Euro)* fahren.

BAHN

Die drei Superexpress- (Shinkansen-) Linien enden alle im Bahnhof Tokio. Endbahnhof für andere Züge aus Richtung Norden ist Ueno, aus Richtung Westen Shinjuku und ansonsten ebenfalls Tokio. Überall hat man U- und S-Bahn-Anschluss.

■ AUSKUNFT VOR DER REISE ■

JAPANISCHE FREMDENVERKEHRS-ZENTRALE (JAPAN NATIONAL TOURIST ORGANIZATION, JNTO)

Versendet allgemeine Broschüren, aber auch Vorabinformationen, darunter ein Prospekt der preiswerten Welcome Inns (WI). *Kaiserstr. 11 | 60311 Frankfurt/M. | Tel. 069/203 53 | Fax 28 42 81 | http://jnto.de*

WÄHRUNGSRECHNER

€	JPY	JPY	€
1	114	100	0,88
5	568	200	1,76
10	1135	500	4,40
20	2270	800	7,05
30	3406	1000	8,81
50	5567	3000	26,43
80	9082	5000	44,04
90	10217	7000	61,66
100	11352	9000	79,28

■ AUSKUNFT IN TOKIO ■

TOKYO TOURIST INFORMATION CENTER [124 A5]

Infostelle der Stadt Tokio im Rathaus (Zweigstellen auf dem Haneda-Flughafen und im Keisei-Ueno-Bahnhof). Beratung, Prospekte, Karten. *No 1 Bldg. | 2-8-1 Nishi-Shinjuku | Shinjuku-ku | Tel. 53 21 30 77 | U-Bahn (E 28) Tochōmae*

TOURIST INFORMATION CENTER (NARITA AIRPORT) [0]

Infocenter gibt es in beiden Terminals im Flughafen Narita.

TOURIST INFORMATION CENTER (TIC) [130 C2]

Broschüren, Stadt- und U-Bahn-Pläne, Informationen und Hilfe für die Weiterreise sowie Vermittlung von Familienbesuchen und Fremdenführern. Welcome-Inn-Service für weitere Japan-Ziele. Die TIC-Telefonnummer sollte man stets bei sich haben. Es gibt sonst kaum Infostellen außerhalb der Hotels. *Tōkyō Kōtsu Kaikan 10/F | 2-10-1 Yūrakuchō | Chiyoda-ku | Tel. 32 01 33 31 | U-Bahn (H 07, C 09) Hi-biya, S-Bahn (Yamanote) Yūrakuchō*

■ BANKEN & GELDWECHSEL ■

Öffnungszeiten der Banken: *Mo–Fr 9–15 Uhr.* Geld wechseln oder Reiseschecks einlösen geht am problemlosesten in den Citibank-Filialen. Dort gibt es auch Bares aus dem Geldautomaten mit EC-Karte. Cash mit weltweit gültiger Kreditkarte (AMEX, VISA, Master, Maestro) auch in allen Postämtern. Citibank-Zweigstelle in *Shibuya* | [128 A4] *Dōgenzaka Kabuto Bldg. | 2-25-12 Dōgenzaka | Shibuya-ku,* weitere Zweigstellen: *www.citibank.co.jp/en*

Der Kreditkarteneinsatz ist zumeist auf große Kaufhäuser, teurere Restaurants und Hotels beschränkt.

■ DIPLOMATISCHE VERTRETUNGEN

DEUTSCHLAND [129 D5]
Botschaft: *4-5-10 Minami Azabu | Minato-ku | Tel. 57 91 77 00 | U-Bahn (H 03) Hiro-o*

ÖSTERREICH [129 E4]
Botschaft: *1-1-20 Moto Azabu | Minato-ku | Tel. 34 51 82 81 | U-Bahn (N 04, E 22) Azabu-jūban*

SCHWEIZ [129 D5]
Botschaft: *5-9-12 Minami Azabu | Minato-ku | Tel. 54 49 84 00 | U-Bahn (H 03) Hiro-o*

■ EINREISE ■

Sie brauchen einen gültigen Reisepass und erhalten bei der Einreise eine Aufenthaltsgenehmigung von bis zu drei Monaten.

■ GESUNDHEIT ■

Die medizinische Versorgung in Tokio ist gut, aber teuer. Arztpraxen, kleinere Kliniken sowie Drogerien und Apotheken gibt es in jedem Stadtviertel. Oft wird jedoch die Sprache zum Problem. Vorsichtsmaßnahmen: Erstens sollten Sie immer die Nummer vom *Tokyo Medical Information Center (Tel. 52 85 81 81)* dabeihaben; es kann Ihnen (auf Englisch) Krankenhäuser nennen *(Mo–Fr 9–17 Uhr).* Zweitens empfiehlt es sich, beim Tourist Information Center die Liste der englischsprachigen Ärzte und Krankenhäuser mitzunehmen. Verschreibungspflichtige Medikamente bringen Sie besser von zu Hause mit.

■ INTERNET ■

Allgemeine Japaninfos finden Sie auf der vom Außenministerium gesponserten Seite (u. a. mit eigenem Bereich „Kids Web Japan") *web-japan.org/index.html* und auf Schauweckers Guide to Japan, einem sehr informativen Japan-Portal: *www.japan-guide.com/.* Beste Tokio-Infos stehen auf der unschlagbaren Website des Stadtmagazins *Metropolis: metropolis.co.jp/.* Gourmettipps bietet die englische Ausgabe der populären japanischen Foodzeitschrift *Gurunavi (www.gnavi.co.jp/en/)).* Tokyo Food page gibt neben allgemeinen Infos auch super Restauranttipps: *www.bento.com/tokyofood.html.* Infos über Musikevents: *www.tokyogigguide.com,* über Kulturevents: *www.realtokyo.co.jp.* Infos zum U-Bahnsystem unter *www.tokyometro.jp/global/en/ind ex.html*. Das staatliche Wetteramt *(www.jma.go.jp/en/yoho/)* informiert über Sturmwarnungen, Tsunami- und Erdbebenaktivitäten.

■ INTERNETCAFÉS & WLAN ■

Leider hat Tokio noch kein flächendeckendes WLAN-Netz. Allerdings bieten einige Restaurants, Hotels und manche Bahnhöfe sogar kostenlosen WLAN-Zugang an (z. B. *Wired Cafe Shibuya QFront | 10–22 Uhr |* [128 B4] *6F QFront | 21-6 Udagawachō | Shibuya-ku*). Eine Liste mit kostenlosen WLAN-Spots finden Sie unter *www.freespot.com/users/map_ e.html*. Außerdem bietet NTTCommunications für 500 Yen (Prepaid Card in Convenience Stores und Automaten erhältlich) pro Tag Zugang zu seinem Hotspot-Netz (Spots in fast allen U-Bahnhöfen). *www.hot spot.ne.jp/en/servicemenu/1day.html*

GRAN CYBER CAFE

Kette von Internet-Comic-Cafés, in denen es rund um die Uhr Getränke gratis gibt. Das „Tagespaket" (3 Std. ca. 9 Euro) sowie das „Nachtpaket" (8 Std. ca. 14 Euro) sind besonders günstig. *Filiale in Shibuya: tgl. 24 Std. | pro Std. ca. 4 Euro, weitere 15*

Min. ca. 0,90 Euro | [128 A4] *Maruhan Tower 6F | 28-6 Udagawachō | Shibuya-ku | U-Bahn (G 01, Z 01), S-Bahn (Yamanote) Shibuya*

YAHOO-CAFÉ [130 A2] Insider Tipp

Kostenlosen Internetzugang bekommen Sie im Foyer der Shinsei-Bank am Hibiya-Park. Nach Anmeldung (Pass vorlegen) wird eine Mitgliedskarte ausgestellt (Yahoo-Cafés gibt es auch auf den Flughäfen Narita und Haneda). *Mo–Fr 9–20 Uhr | Shinsei Bank Bldg 1F | 2-1-8 Uchisaiwaichō | Chiyoda-ku | U-Bahn (C 08, M 15) Kasumigaseki*

■ NOTRUF ■

Polizei *Tel. 110;* Krankenwagen und Feuerwehr *Tel. 119*

Mit Englisch kommt man oft nicht weiter. Bitten Sie Japaner um Hilfe.

■ ÖFFENTLICHE VERKEHRSMITTEL

Betriebsruhe von ca. 1 bis 5 Uhr. Es gibt private und öffentliche S- und U-Bahnen, die jeweils eigene Ticketschalter und -gates haben. Damit Sie beim Umsteigen nicht ständig neue Tickets kaufen müssen, lohnt es sich, Kombikarten zu kaufen. An vielen Automaten gibt es z.B. die Pasnet-

> ADRESSEN

Gewusst wo! – nicht nur für Fremde ein Problem

Namenlos ist das Gros der Straßen in Tokio. Die Anschriften lesen sich wie ein Geheimcode: „2-23-1 Okamoto, Setagaya-ku" beispielsweise. Gemeint ist: Begeben Sie sich in den Stadtbezirk Setagaya, wo Sie im Viertel Okamoto im zweiten Unterbezirk im 23. Häuserblock die Hausnummer 1 aufsuchen. Es ist leider so kompliziert, wie es klingt. Nützlich ist ein Lageplan, ansonsten wird Ihnen bei den zahlreichen Polizeiwachen weitergeholfen.

Karte (für 1000, 3000 und 5000 Yen), die für alle U-Bahnen und fast alle privaten S-Bahnen gilt. Sie gilt nicht für Züge von JR (Yamanote etc). Die elektronischen Tickets Suica und Pasmo gelten auf allen wichtigen U-und S-Bahn-Linien inkl. JR. Beim Kauf (lassen Sie sich am Bahnhof helfen) wird ein Pfand von 500 Yen abgebucht, das man bei Rückgabe der Karte zurückbekommt. Im Unterschied zu den Pasnet-Karten sind Suica und Pasmo aufladbar, d.h., man kann die gleiche Karte am Automaten wieder mit Geld füllen, wenn das Konto leer ist. Vorteil: Bei Rückgabe gibt es im Gegensatz zu Pasnetkarten Restgeld zurück (abzüglich 210 Yen Bearbeitungsgebühr).

Achtung: Viele Züge verkehren als Express und halten nicht überall. Busse sind ohne Japanischkenntnisse nicht zu empfehlen.

■ POST

Luftpostkarten nach Europa kosten 70 Yen Porto, Luftpostbriefe bis 10 Gramm 110 Yen.

■ PREISE & WÄHRUNG

Tokio zählt zu den teuersten Städten der Welt. Vorsicht: Der Yen-Euro-Wechselkurs schwankt stark!

■ STADTRUNDFAHRTEN

HATO-BUS

Auch Ausflugsfahrten. Buchung in jedem größeren Hotel. *8–20 Uhr | Tel. 34 35 60 81 | www.hatobus.com*

■ STROM

100 Volt. Deutsche Stecker benötigen einen Adapter.

■ TAXIS

Taxis sind zahlreich, aber teuer. Nach 23 Uhr kommen noch einmal 30 Prozent Aufschlag dazu. Anhalten kann man sie überall – ein rotes Leuchtschild hinter der Windschutzscheibe zeigt an, dass es leer ist, grün bedeutet besetzt.

■ TELEFON & HANDY

Öffentliche Fernsprecher akzeptieren oft nur noch Telefonkarten. Grundgebühr für ein Ortsgespräch: 10 Yen,

WETTER IN TOKIO

Jan.	Feb.	März	April	Mai	Juni	Juli	Aug.	Sept.	Okt.	Nov.	Dez.
9	9	12	18	22	25	29	30	27	20	16	11
Tagestemperaturen in °C											
-1	-1	3	4	13	19	22	23	19	13	7	1
Nachttemperaturen in °C											
6	6	6	6	6	5	6	7	4	4	5	5
Sonnenschein Std./Tag											
6	7	10	11	12	12	11	10	13	12	8	5
Niederschlag Tage/Monat											

PRAKTISCHE HINWEISE

Überseegespräche sind nur möglich an Apparaten, die mit International Call gekennzeichnet sind. Telefonkarten *(telefon-kado)* zu 500 und 1000 Yen sind erhältlich in Automaten, Hotels und Bahnhofskiosken. Für Auslandsgespräche sind Prepaid-Karten *(puripaido-kado)* zu empfehlen. Es gibt sie in Convenience Stores, z.B. Lawson oder Seven/Eleven. Eine Gesprächsminute nach Deutschland kostet werktags tagsüber etwa 2,20 Euro.

Vorwahl nach Deutschland: +49, Österreich: +43, Schweiz: +41, Tokio aus dem Ausland: + 813. Bei Prepaid-Karten folgen Sie den Anweisungen auf der Karte. Bei Festnetztelefonaten und Anrufen mit Telefonkarten: Vorwahl eines Netzanbieters, z.B. NTT Comm.: 0033 oder KDDI: 001, plus 010 plus Landercode.

Nur UMTS-fähige Mobiltelefone funktionieren in Japan. Der deutsche Netzbetreiber muss Vertragspartner von NTT DoCoMo oder Softbank Mobile sein (bitte vorher mit Netzbetreiber klären). Man kann sich auch eins mieten, Preise variieren je nach Anbieter. Infos vorab erhalten Sie bei Softbank *(www.softbank-rental.jp/en)* oder bei der Firma RentaFone Japan *(www.rentafonejapan.com/)*. Unbedingt die Freischaltung für Auslandsgespräche und die Betreibervorwahl abklären!

TRINKGELD

In Japan gilt: kein Trinkgeld!

VERANSTALTUNGS-KALENDER

Kostenlose Stadtmagazine wie *Metropolis* liegen u.a. in Hotels aus.

WAS KOSTET WIE VIEL?

KAFFEE	**AB 1,70 EURO**	für eine Tasse
KIMONO	**UM 30 EURO**	für einen Baumwoll-Yukata
U-BAHN	**CA. 10 EURO**	für eine Tageskarte
NUDELSUPPE	**3,80 EURO**	im Stehimbiss
SUSHI	**UM 0,90 EURO**	für 2 Stück vom Fließband
TAXI	**CA. 6,50 EURO**	für die ersten 2 km

ZEIT

Japan ist Mitteleuropa um acht Stunden voraus, bei Sommerzeit um sieben Stunden.

ZOLL

Eine Zollerklärung müssen alle Reisende ausfüllen (Formulare im Flugzeug). Neben dem normalen Gepäck dürfen Reisende wahlweise 400 Zigaretten, 100 Zigarren oder 500 g Tabak einführen, sowie 75 ml Parfüm und 3 Flaschen Alkohol zu je 0,76 l (über 18-Jährige). Zollfrei können außerdem Gegenstände eingeführt werden, deren ausländischer Marktwert insgesamt unter 200000 Yen liegt (ca. 1750 Euro). Bei der Heimkehr sind eingekaufte Waren bis zu einem Wert von 175 Euro zollfrei. Sonstige Freimengen: 200 Zigaretten, 50 ml Parfüm, zwei Flaschen Wein oder zwei Flaschen Schnaps. Weitere Infos: *www.zoll.de*

„Sprichst du Japanisch?" Dieser Sprachführer hilft Ihnen,
die wichtigsten Wörter und Sätze auf Japanisch zu sagen

Aussprache

Zur Erleichterung der Aussprache wurde eine einfache, dem Deutschen angepasste
Lautschrift mit folgenden Besonderheiten verwendet:

„o"   wenn kurz, offener Vokal wie in „toll"
„s"   ist ein scharfes „s" wie in „dass"
„z"   ist ein stimmhafter Laut wie „S" in „Sonne"
„dsch" wird wie „J" in „Jeans" gesprochen
„h"   nach einem Vokal bedeutet, dass dieser als Langvokal artikuliert
wird (entspricht vorn im Band bei ō und ū dem Längungsstrich)
Doppelkonsonanten (z.B. in „tschotto") werden mit kurzer Atempause zwischen den
beiden Konsonanten artikuliert (also etwa tschot-!-to, jakkjoku etwa jak-!-kjoku)

■ AUF EINEN BLICK

Ja./Nein.	Hai./Ie.	はい / いいえ
Vielleicht.	Tabun./Hjotto schitala.	多分 / ひょっとしたら
Bitte./Danke.	Dohzo./Aligatoh.	どうぞ / 有り難う
Vielen Dank für alles!	Iloilo aligatoh gozaimaschta!	どうも有り難うございました
Gern geschehen.	Doh itaschimaschte.	どういたしまして
Hallo./Entschuldigung.	Tschotto sumimasen!	ちょっとすみません
Wie bitte?	Nan to osschaimaschta ka?	何とおっしゃいましたか
Ich verstehe Sie nicht.	Joku wakalimasen.	よくわかりません
Bitte wiederholen Sie es.	Dohzo moh itschido itte kudasai.	どうぞもう一度言って下さい
Können Sie mir bitte helfen?	Otetsudai itadakemass ka?	お手伝いいただけますか
Ich möchte …	… ga hoschih dess. /… schitai dess.	… がほしいです / … したいです
Das gefällt mir.	Kole ga kini itte imass.	これが気に入っています
Das gefällt mir nicht so ganz.	Amali kini ilimasen.	あまり気に入りません
Haben Sie … ?	… ga alimass ka?	… がありますか
Wie viel kostet dies?	Kole wa ikula dess ka?	これはいくらですか
Wie viel Uhr ist es?	Nandschi dess ka?	何時ですか

■ KENNENLERNEN

Guten Morgen!	Ohajoh gozaimass!	おはようございます
Guten Tag!	Konnitschi-wa!	こんにちは

SPRACHFÜHRER JAPANISCH

Guten Abend!	Konban-wa!	こんばんは
Mein Name ist …	Wataschi no nama-e wa … dess.	私の名前は … です
Wie ist Ihr Name bitte?	Onama-e o oschiete kudasai.	お名前を教えて下さい
Wie geht es Ihnen?	Gokigen ikaga dess ka?	ご機嫌いかがですか
Danke. Und Ihnen?	Okagesama de. Anata wa?	おかげさまで。あなたは
Auf Wiedersehen!	Sajoh-nala.	さよなら
Gute Nacht!	Ojasumi nasai.	お休みなさい
Bis bald!/Bis morgen!	Dschah mata!/Mata aschta!	じゃ、また / また明日

UNTERWEGS

AUSKUNFT

Links/Rechts	Hidali/Migi	左 / 右
Geradeaus	Massugu	まっすぐ
Es ist nah./Es ist weit.	Tschkai dess./Tooi dess.	近い / 遠い
Wie weit ist das?	Kjori wa dono kulai arimass ka?	距離はどのぐらいありますか
Wo kann ich ein Auto/Fahrrad mieten?	Kuluma/dschitenscha wa doko de kalilalemass ka?	車 / 自転車はどこで 借りられますか
Bitte, wo ist …	Sumimasen, … wa doko dess ka?	すみません、 … はどこですか
der … Bahnhof?	eki	… 駅
der Hauptbahnhof?	tschuh-oh-eki	中央駅
die U-Bahn?	tschikatetsu	地下鉄
der Flughafen?	Kuhkoh	空港

TAXI

Zum Bahnhof, bitte.	Eki made onegai schimass.	駅までお願いします
Zum … Hotel, bitte.	… hotel made onegai schimass.	… ホテルまでお願いします
Bitte halten Sie hier.	Koko de tomatte kudasai.	ここで停まって下さい
Bitte warten Sie hier.	Koko de matte ite kudasai.	ここで待っていて下さい

BAHNFAHRT

Eine einfache Fahrkarte nach … bitte.	… iki no katamitschi-kippu o onegai schimass.	… 行きの片道切符を お願いします
Eine Rückfahrkarte nach … bitte.	… iki no ohfuku-kippu o onegai schimass.	… 行きの往復切符を お願いします
Was kostet eine einfache Fahrt nach …?	… iki no katamitschi-kippu wa ikula dess ka?	… 行きの片道切符は いくらですか
Von welchem Gleis fährt der Zug nach … ab?	… iki no denscha wa nan-banssen kala demass ka?	… 行きの電車は 何番線から 出ますか
Ist das ein Shinkansen?	Kole wa schinkanssen dess ka?	これは新幹線ですか

Sagen Sie mir bitte, wenn wir dort sind.	Soko ni tsuitala, oschiete kudasai.	そこに着いたら 教えて下さい

UNFALL

Hilfe!	Tasskete!	助けて
Seien Sie bitte vorsichtig!	Ki o tsukete!	気をつけて
Vorsicht, gefährlich!	Abunai dess jo!	危ないですよ
Rufen Sie bitte schnell …	Dohzo sugu ni …	どうぞ直ぐに …
einen Krankenwagen	kjuh-kjuh-scha o jonde kudasai.	救急車を呼んで下さい
die Polizei	kehsatsu o jonde kudasai.	警察を呼んで下さい
die Feuerwehr	schohboh-scho o jonde kudasai.	消防署に連絡して下さ
Geben Sie mir bitte Ihre Anschrift.	Anata no dschuhscho o oschiete kudasai.	あなたのお住所を 教えて下さい

■ ESSEN/UNTERHALTUNG

Können Sie mir ein japanisches Restaurant empfehlen?	Doko ka wahuh restoran o oschiete kudasaimasen ka?	どこか和風レストランを 教えて下さいませんか
Gibt es hier in der Nähe ein Restaurant, wo man günstig essen kann?	Doko ka kono tschikaku de jasku schokudschi no dekilu restoran ga alimass ka?	どこかこの近くで安く食事 できるレストランが ありますか
Auf Ihr Wohl!	Kanpai!	かんぱい
Bezahlen, bitte!	Okandschoh o onegai schimass.	お勘定お願いします

■ EINKAUFEN

Wo kann man … kaufen?	… wa doko de ka-emass ka?	… はどこで買えますか
Apotheke	Kusulija, jakkjoku	薬屋、薬局
Bäckerei	Panja, behkalih	パン屋、ベーカリー
Fotogeschäft	Schaschin-ja	写真屋
Kaufhaus	hjakkaten, depahto	百貨店、デパート
Lebensmittelgeschäft	Schokuljoh-hinten	食料品店
Markt	Itschi	市

■ ÜBERNACHTUNG

Ich habe bei Ihnen ein Zimmer reserviert.	Hito-heja o jojaku schimaschta.	一部屋を 予約しました
Haben Sie noch Zimmer frei?	Mada hito-heja aite imass ka?	まだ一部屋空いて いますか
ein Einzelzimmer	schingulu/hitoli-beja	シングル、一人部屋
ein Doppelzimmer	tsuin/futali-beja	ツイン、二人部屋
mit Bad	bass-tski no heja	バス付きの部屋
für eine Nacht	hitoban/ippaku	一晩、一泊
Was kostet das Zimmer?	Heja-dai wa ikula dess ka?	部屋はいくらですか

Ist das Frühstück inklusive?	Tschoh-schoku-tski dess ka?	朝食付きですか
Halbpension/Vollpension	Nischoku-tski/sanschoku-tski	二食付き / 三食付き

■ PRAKTISCHE INFORMATIONEN ■

ARZT

Können Sie mir einen guten Arzt empfehlen?	Joi ischa o schohkai schte kudasaimasen ka?	よい医者を紹介 して下さいませんか
Ich habe Fieber.	Netsu ga arimass.	熱があります
Ich bin stark erkältet.	Hidoku kaze o hihte imass.	ひどく風邪をひいています
Ich habe mir den Magen verdorben.	I o kowaschimaschta.	胃を壊しました
Ich habe hier Schmerzen.	Koko ga itai dess.	ここが痛いです

BANK

Wo ist die nächste Bank, in der ich Geld wechseln kann?	Kono tschikaku no ginkoh de ljohga-e dekilu tokolo wa doko dess ka?	この近くの銀行で 両替ができるところは どこですか
Ich möchte Geld wechseln.	Ljohga-e schitai no dess ga.	両替したいのですが

■ ZAHLEN ■

0	zelo, leh	ゼロ,令	20	ni-dschuh	二十
1	itschi	一	21	ni-dschuh-itschi	二十一
2	ni	二	22	ni-dschuh-ni	二十二
3	san	三	30	san-dschuh	三十
4	schi, jon	四	40	jon-dschuh, schi-dschuh	四十
5	go	五	50	go-dschuh	五十
6	loku	六	60	loku-dschuh	六十
7	schtschi, nana	七	70	nana-dschuh,	七十
8	hatschi	八		schtschi-dschuh	
9	kjuh	九	80	hatschi-dschuh	八十
10	dschuh	十	90	kjuh-dschuh	九十
11	dschuh-itschi	十一	100	hjaku	百
12	dschuh-ni	十二	200	ni-hjaku	二百
13	dschuh-san	十三			
14	dschuh-jon,	十四	1000	sen	千
	dschuh-schi		2000	ni-sen	二千
15	dschuh-go	十五	10.000	itschi-man	一万
16	dschuh-loku	十六			
17	dschuh-schtschi,	十七	1/2	nibun no itschi	二分の一
	dschuh-nana		1/4	jonbun no itschi	四分の一
18	dschuh-hatschi	十八			
19	dschuh-kjuh	十九			

Blick vom Hamamatsucho World Trade Building

> UNTERWEGS IN TOKIO

Die Seiteneinteilung für den Cityatlas finden Sie auf dem hinteren Umschlag dieses Reiseführers

CITY ATLAS

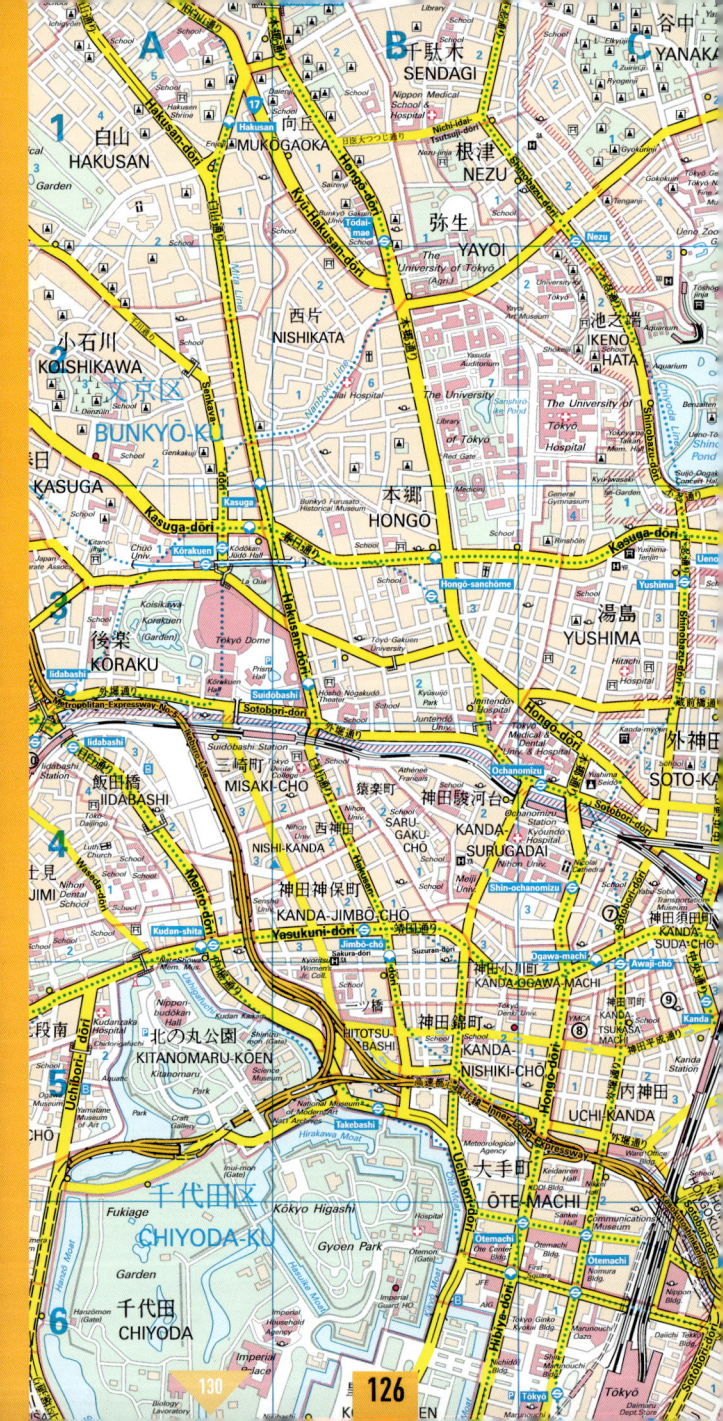

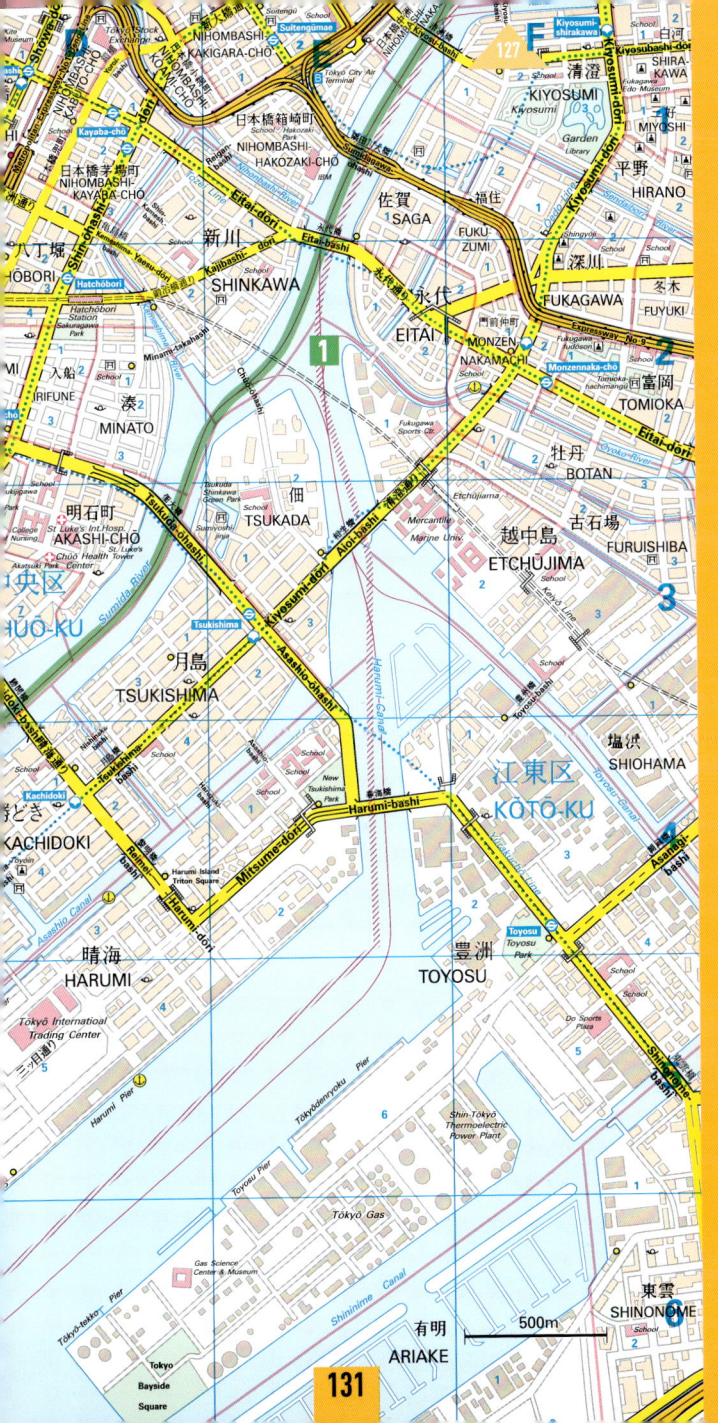

A   Inoue   **B**   **C**

1

10 km

Ōhinata   Kezuke

Chichibu-Tama   •1718   Shimonaguri   289   15

National Park   •976   **Hannō**   407

•2109

Okutama   17   **ŌME**   **IRUMA**   13

Ochiai   17   Kawakubo   10   1405 *Tama Gawa*   **Yokota**   16   **32**

2   Daibosatsu   *Okutama-Ko*   1070   Mitake-Zan   411   **Fussa**   11

•2057   1528   25   Hinoharu   Itsukaichi   19   9

37   Imaru   20   991   **AKISHIMA**

•1751   Chūō Expwy   25   **Uenohara**   50   **HACHIŌji**   **TA**

Takiko-Yama   20   20

•1590   **3** Chūō-Line   **Otsuki**   21   **51** *Sagami-Ko*   9   Nakone   20   16

139   Nishikatsura   **Tsuru**   413   Kubo   17   **Tsukui**   13   412   129   **SAGAMIHA**

Mishōtai-Yama   Kanji   *Ōmuro-Yama*   Miyagase   **Aikawa**   **ZAN**

1682   1588   •748   12

FUJIYOSHIDA   Bessho

Fuji-Hakone-Izu   1349   Hiru-ga-Take   1491   Ō-Yama   11

National Park   Komotsuri-Yama   1673   Tō-ga-Take   1252   Oyama   **15**

4 Hirano   *Yamanaka-Ko*   27   15   **ATSUGI**   **ISEHARA**

Yamanaka   *Tanzawa-Ko*   Tōmei Expwy

•1390   1019   **HADANO**   246   129   **52**

Subashiri   Oyama   26   17   8   **HIRATSUKA**

138   15   **Yamakita**   12   **Matsuda**   32   8

Gotemba   Kawanishi   **Miami-**   255   7   Ōiso   **CHIGAS**

5 867   Yakura-Dake   **Ashigara**   Kōzu   **Ninomiya**

86 Nagao-Tōge   12   Sengoku-Hara   6

10   903   Kami-Yama Gōra   Miyanoshita   **ODAWARA**

13   Kamiyama   *Ashi-*   138   Yumoto   11

Komaga-Take   *no-*   13   *Sagami-*

9   *Ko*   13.7   *Fuji-Hakone-Izu*

Susono   Kuragake-Yama   *National Park*

8   **Nagaizumi**   1004   **Hakone**   Manazuru

6 Mishima   **Yugawara**   Manazuru-Misaki

NUMAZU   **Atami**

3   **Shimizu**   789   *Ōshima*   **132**

アウトバーン － 架道橋アウトバーン
Autobahn - Autobahn auf Hochbrücke
Motorway - High level motorway
Autoroute - Autoroute aérienne

四車線道路
Vierspurige Straße
Road with four lanes
Route à quatre voies

直通道路
Durchgangsstraße
Through road
Route de transit

幹線道路
Hauptstraße
Main road
Route principale

その他の道路
Sonstige Straßen - Einbahnstraße
Other roads - One way road
Autres routes - Rue à sens unique

主要鉄道と駅
Hauptbahn mit Bahnhof
Main railway with station
Chemin de fer principal avec gare

その他の鉄道
Sonstige Bahnen
Other railways
Autres lignes

地下鉄
U-Bahn
Subway
Métro

フェリー路線 － 船着き場
Fährlinie mit Anlegestelle
Ferry line with landing place
Lignes de bac avec embarcadère

空港バス － 駐車場 － インフォメーション
Flughafenbus - Parkplatz - Information
Airportbus - Parking - Information
Bus aéroport - Parking - Information

教会 － 有名な教会
Kirche - Sehenswerte Kirche
Church - Church of interest
Eglise - Eglise remarquable

神社 － 有名な神社
Shintoschrein - Sehenswerter Shintoschrein
Shinto shrine - Shinto shrine of interest
Sanctuaire shinto - Sanctuaire shinto remarquable

寺院 － 有名な寺院
Tempel - Sehenswerter Tempel
Temple - Temple of interest
Temple - Temple remarquable

巡査派出所 － 警察署
Polizeihäuschen - Polizeistation
Police post - Police station
Poste de police - Bureau de police

ホテル － 病院 － ユースホステル
Hotel - Krankenhaus - Jugendherberge
Hotel - Hospital - Youth hostel
Hôtel - Hôpital - Auberge de jeunesse

記念碑 － 郵便局 － 塔
Denkmal - Postamt - Turm
Monument - Post office - Tower
Monument - Bureau de poste - Tour

建造物 － 公共の建物
Bebauung- Öffentliches Gebäude
Built-up area - Public building
Zone bâtie - Bâtiment public

工業地域
Industriegebiet
Industrial area
Zone industrielle

公園、森
Park, Wald
Park, forest
Parc, bois

墓地
Buddhistischer Friedhof
Buddhistic cemetery
Cimetière bouddhique

区
Stadtteil
Urban district
District urbain

丁目 － 町
Chôme-Nummer - Bezirk
Number of chôme - Quarter
Numéro de chôme - Arrondissement urbain

街角散歩
Stadtspaziergänge
City walks
Promenades en ville

FÜR IHRE NÄCHSTE REISE
gibt es folgende MARCO POLO Titel:

REGISTER

In diesem Register sind alle im Reiseführer erwähnten Sehenswürdigkeiten und Ausflugsziele sowie einige wichtige Begriffe aufgeführt. Halbfette Seitenzahlen verweisen auf den Haupteintrag.

> SCHREIBEN SIE UNS

Liebe Leserin, lieber Leser,

wir setzen alles daran, Ihnen möglichst aktuelle Informationen mit auf die Reise zu geben. Dennoch schleichen sich manchmal Fehler ein – trotz gründlicher Recherche unserer Autoren/innen. Sie haben sicherlich Verständnis, dass der Verlag dafür keine Haftung übernehmen kann.

Wir freuen uns aber, wenn Sie uns schreiben.

Senden Sie Ihre Post an die
MARCO POLO Redaktion,
MAIRDUMONT, Postfach 3151,
73751 Ostfildern,
info@marcopolo.de

IMPRESSUM

Titelbild: alamy images: Glen Allison
Fotos: alamy images: Glen Allison (1); Das Fotoarchiv: McIntyre (97); J. Frangenberg (92); R. Hackenberg (U. l., 3 M., 81); Françoise Hauser (12 o.); HB Verlag: Hackenberg (U. M., 2 l., 4 l., 58, 108); H.I.S. Experience Japan (104 M.r.); Huber: Orient (36/37), Picture Finders (22/23), Puku (6/7), Sato (106/107); © iStockphoto.com: Dan Brandenburg (15 o.), Ryan Fox (105 M.l.), Teresa Guerrero (15 u.), Chris Hutchison (104 o.l.), nullplus (14 u.), Timothy Sullivan (105 M.r.), xyno (104 u.r.); M. Kirchgessner (67, 122/123); H.-G. Krauth und S. Steffen (138); Laif: Artz (3 l., 61), Boening (87), Hemispheres (98/99), Kirchgessner (77, 90/91), Volz (98), Zuder (38, 65); Laif/REA: Decout (46, 78); Laif/Redux: Blakely (56/57); Laif/Sinopix: Jones (53, 72/73); Laif/Zenit: Boening (39, 95); Look: age fotostock (111), Engel & Gielen (68); Mauritius: alamy (89); Camara Tres (64), imagebroker (20/21, 41), IPS (5, 100/101), Schnürer (74), Simmons (U. r., 42), Vidler (3 r., 4 r., 8/9, 20); H. Pohling (16/17, 28/29, 29 o., 30, 33, 35, 44, 47, 49, 50, 55, 62, 71, 82/83, 84, 103); Barbara Polzer (13 o.); Jürgen Schumacher (15 M., 104 M.l., 105 o.l., 105 u.r.); Schuster: Ikeda (99), Tovy (21); P. Spierenburg (2 r., 11, 26); TOKYOMADE: Masao Tamaoki (13 u.); TOKYO RENT A BIKE (12 u.); Treasured Trash Project: Momoko Japan (14 o.)

9., aktualisierte Auflage 2011

© MAIRDUMONT GmbH & Co. KG, Ostfildern
Chefredaktion: Michaela Lienemann (Konzept, Chefin vom Dienst), Marion Zorn (Konzept, Textchefin)
Autor: Hans-Günther Krauth; Korrespondentin: Susanne Steffen; Redaktion: Karin Liebe
Programmbetreuung: Silwen Randebrock; Bildredaktion: Gabriele Forst
Szene/24h: wunder media, München; Kartografie Reiseatlas: © MAIRDUMONT, Ostfildern
Innengestaltung: Zum goldenen Hirschen, Hamburg; Titel/S. 1–3: Factor Product, München
Sprachführer: in Zusammenarbeit mit Ernst Klett Sprachen GmbH, Stuttgart, Redaktion PONS Wörterbücher

MARCO POLO Autor Hans-Günther Krauth und
MARCO POLO Korrespondentin Susanne Steffen im Interview

Hans-Günther Krauth lebt seit mehr als 30 Jah[…]
Susanne Steffen seit 9 Jahren in der japanisch[…]
Hauptstadt. Beide betreiben dort den Medien-[…]
Infoservice Japan-Update. Krauth zieht es jetzt[…]
wieder in die Heimat, Steffen hat in Tokio ihre[…]
Traummann gefunden.

Wieso leben Sie in Tokio?

Krauth: Ich habe neben VWL und Soziologie auch Japanologie studiert und mich dann gemeinsam mit meiner Lebensgefährtin Gudrun Wossidlo für ein Leben in Japan entschieden.
Steffen: Ich hatte das Angebot, nach dem Volontariat für vier Jahre als Austauschredakteurin nach Tokio zu gehen. In dieser Zeit habe ich das Leben in Tokio lieben gelernt.

Wie geht es Ihnen dort?

Krauth: Super. Tokio ist eine der spannendsten Städte der Welt. Sie verändert sich in atemberaubendem Tempo. Die Stadt schläft eigentlich nie und platzt geradezu vor Kreativität. Nur die Rushhour ist absolut mörderisch.
Steffen: Mir geht es prächtig. Vor allem war es mir in Tokio noch nie langweilig. Hier laufen die verrücktesten Typen herum. Was mich stört, ist die Anonymität einer Riesenmetropole.

Wie leben Sie genau?

Krauth: Ich wohne am Fuß des heiligen Vulkans Fuji-san in einem Bauernhaus mit riesigem Garten. Mein „Büro" ist aber im Klub der Auslandskorrespondenten (FCCJ) in Yūrakuchō, mitten in Tokio.
Steffen: Ich wohne in Hayama, einer Kleinstadt am Meer, die etwa 60 km südlich von Tokio liegt, weil ich Natur und Großstadt auf einmal wollte. Wochentags nehme ich dafür die landesüblichen 1,5 Stunden Zugfahrt in die Tokioter City in Kauf.

Was tun Sie in Ihrer Freizeit?

Krauth: Ich gehe gern ins Kino, probiere mit Freunden Restaurants in Tokio aus und entspanne mich im Garten.
Steffen: Ich spiele Taiko, die großen japanischen Trommeln. Außerdem reise ich gern durchs Land – mit Vorliebe an Orte mit heißen Quellen.

Mögen Sie die Tokioter Küche?

Krauth: Tokio ist ein Paradies für Leute, die gerne essen – vor allem Fisch. Und Fische aller Zubereitungsart esse ich wahnsinnig gern.
Steffen: Das Tolle an der Tokioter Küche ist, dass sie Spezialitäten aus ganz Japan und dem Rest der Welt versammelt. Mein Lieblingsessen: Chanko-nabe, das Leibgericht der Sumo-Ringer.